JN087799

発達障害＆
グレーゾーン
子育てから
生まれた

楽々かあさんの

伝わる！声かけ変換

大場美鈴 著

あさ出版

はじめに

　毎日お疲れさまです！　私は３人の子ども達の子育て真っ最中で、あなたと同じ「うちの子専門家」の大場美鈴です。子育ての傍ら、「楽々かあさん」として発達障害＆グレーゾーン子育てのコツやアイデアなどをシェアする活動をしています。

　実は、そんな私も以前は怒ってばかりで、毎晩可愛い子どもたちの寝顔を見ては「今日も怒ってしまった」「優しくできなかった」と反省を繰り返す日々を送っていました。
　その状況をなんとかしたくて、独学で試行錯誤しながら様々な子育て法の実践と軌道修正を繰り返して見えてきた、うちの子のための声かけのコツを一覧表にしてまとめた「声かけ変換表」が2014年にネット上で拡散し、大反響を呼びました。
　その時私が感じたのは、「うちの（ちょっと世話がやける）子ども達に伝わりやすい方法は、どんな子にも伝わりやすいんだな」ってコト。怒らなくても、ちゃんと伝わる声かけや工夫はいくらでもあるんですね。

　とは言うものの、正直に白状すれば、私自身は今でも、ちっともこっちの思い通りになんてならない子ども達を前に、（わかっちゃいても）ついつい怒ってしまう、人間らしい毎日を送っています（笑）。
　親の気力・体力・時間・財力には限界がありますし、相手は生きた子どもなんだから、こっちの思い通り、理想通りになんて育ちません！
　私のお腹から出てきちゃった以上、まあ、しゃあない、しゃあない。それでも、子どもは３食食べて寝るだけで、確実に昨

日よりも成長しています。

　だから、たとえ最低限のことしかできなかった日も、「今日も、よくがんばった」って、自分自身にも声かけしながら、日本のどこかで日々をなんとか生きています。

　この本は、そんな一母親が精一杯の気持ちで書きました。

　さて。この「楽々かあさんの伝わる！　声かけ変換」は、子育てと自分育てを同時進行していく、親子コミュニケーションを実践するための本です。

　子どもを「手のかからない子」「親の言うことをよく聞く子」「誰とでも仲良くできる子」「なんでもできる優等生」……あるいは「フツーの子」にするための本ではありません。

　子どもをムリに変えるのではなく、親ができることを探し、その子に合った伝わりやすい声かけを見つけたり、こちらのものの見方を変えてみたり、ある程度でお互いに妥協し、親子でいっぱい話し合いながら、なんとか最後まで子育てを完走するためのヒントを満載しました。

　そして、この本を手にした方がお子さんのことを「手はかかるけど、やっぱりうちの子は可愛い」「親の言うことなんて聞かないけれど、話が全く通じないワケじゃない」「みんなと仲良くできなくても、人として最低限のことは大丈夫そう」「何ができても、できなくても、子どもが自分のことを好きでいてくれる」「少々個性的だけど、なんとかなる気がする」などと思えるようになれたら……と願っています。

　また、本書の中で親が目指すのも、決して「完璧で理想的な親」「絶対に怒らない育児」「一切叱らない子育て」などではありません。子育ては「イライラするもの」、親は「つい怒って

しまうもの」ということを大前提に、この本は書かれています。

　だって、その子の「お母さん」「お父さん」というお仕事は、世界にたった一人の希少な専門職なのに、年中無休の上、無報酬どころか食費と教育費でお金は羽がはえて飛んでいく一方！どんなブラック企業もびっくりです。

　そんな過酷な状況の中、親は何年も何十年も、子どもが自立できる日まで子育てを続けるわけですから、現実的に手軽に即・実践でき、長期戦を前提に「ムリせず続けられる」持続可能な子育て法が必要だと、私は切実に実感しています。

　そのために、この本は子育てがラクになる166例の声かけ変換を、97のStepで順番にわかりやすくお伝えしています。

　お子さんに「伝わらないな」と思ったら、まずは、本書をヒントに声かけをちょっと変換してみるだけでもOKです。

　そうしているうちに、いつの間にか、子どものできないことがあまり気にならなくなる。だんだんと、できることが少しずつ増えている。なんとなく、我が子の長所も短所も愛おしく思える自分に気づく。そしていつか、そっと手を離せる日がくる気がする……。

　そんな風に、本書を手に取ってくださったあなたが実感できるまで、数ヶ月〜数年間、一緒に子育ての伴走ができたなら、こんなに嬉しいことはありません。

楽々かあさん

大場美鈴

● 構成について

　本書の構成はCHAPTER 0とEPILOGUEは親の心の準備とケア、CHAPTER 1〜5は「大まかに」子どもの心身の発達段階に合わせて、それぞれがStep順に読み進められるようにしています。

　ですが、「〇才頃の子」「〇年生の子」などの標準的な年齢・学齢での発達は想定していません。

　子どもの発達には個人差があり、また一人の子の中にも、人より早く成長する部分とゆっくり成長する部分の発達の凸凹があるからです（これが個性です）。

　ぜひ、標準的な年齢にとらわれずに、何才でも何年生でも、「今のその子」に最適なStepはどこか、各ご家庭で手探りしながら適宜ご調整いただけますよう、お願いします。

● 読み進め方について

　「ここはできている」「大丈夫」と思うところは、各自のご判断で飛ばしていただいても構いません。

　でも、もしも「うまくいかないな」「なかなか伝わらないな」と思ったら、いつでも前のStep、その前のCHAPTER……と戻ってみることをオススメします。

　ただし、「こうしなければならない」「あれもこれもできないとダメ」など、子育てにプレッシャーを感じる時には、CHAPTER 0、EPILOGUEをご参照いただけますと幸いです。

● 内容について①

　本書は、いわゆる「フツーの子」と「発達障害のある子」、そして、その子育て法に明確な線引きをしていません。

「フツー」と「障害」の境界線はあいまいであり、発達障害のある子に伝わりやすい方法はどんな子にも応用できるからです。

　また、親の声かけや関わり方のコツも特別なものではなく、ただ、それぞれの子の個性によって、必要な量や頻度、程度、タイミングなどが違うだけだと私は思っています。

　ただし、デリケートな話題や発達障害のある子に特有のお悩みなどはコラムとして収録している「楽々子育て相談室」で、別途詳しくお応えします。

● 内容について②

　便宜上、「忘れ物の多い子は〜」「空気の読めないタイプは〜」などの表現を本文中で使用していますが、本来、その子がそうなる（あるいは、そう感じられる）背景には様々な理由があり、その程度や頻度なども一人ひとり違います。

　ですから、「ADHD」や「ASD（自閉症スペクトラム）」などを一概に想定できるものではなく、また、診断のあるお子さんも、その子の個性や特徴、周りの環境などが一人ひとり違うため、本来、タイプ別に一括してまとめることはできません。

　ですが、限られたページの中で効率よくお伝えするためには、どうしてもこのように表現せざるを得ないこと、どうかご容赦ください。

　お子さんの個性や各ご家庭の都合に合わせて、柔軟にアレンジいただければありがたいです。

CHAPTER 0 心の片づけをする声かけ

CHAPTER 2　自信をつける声かけ

CHAPTER 3 子どもに伝わる声かけ

13

CHAPTER 4　ブレーキをかける声かけ

CHAPTER 5 　共生力を育てる声かけ

EPILOGUE 自分のための声かけ

声かけ変換実践のための心得

その1 子どもとの自然な会話を楽しむ！

どうか、お子さんといつも通りの自然な会話を楽しんで下さい。子どもを「毎日24時間、肯定的な温かい言葉で包んであげなきゃ……」なんて頑張らなくていいんです。

残念ながら、世の中そんなに優しい言葉で満ちあふれているワケでもありませんし、親だけがひたすらガマンして、自分の感情を抑えつけても、結果的に家族のためになりません。「なんだかうまく伝わらないな」と思った時だけ、本書の声かけ例をヒントにしていただければ十分です。

その2 変換できなくても、がんばっていることは同じ

もしも、BEFOREの声かけが出ちゃっても「私はダメな親だ」なんて、自分を責めないようにお願いします（ちなみに、BEFOREの声かけもすべて、私自身経験済みです）。

AFTERの声かけは、決して「いい親」の例ではありません。声かけ変換できてもできなくても、あなたが毎日子育てを頑張っていることに、なんの変わりもありません。

でも、一日中怒ったり、親子で気持ちがすれ違ったりしてばかりだとお互いにしんどいので、もうちょっとラクして効率よく子育てする「省エネ術」だと思っていただければ幸いです。

その3 お子さんに最適な声かけは自分で見つけること

突き放すような言い方ですみませんが、私はあなたのお子さんのことは、全くわかりません。本書に載っているのは、あくまで「うちの子用」の声かけと私の経験則を基に、より多くのお子さんに応用しやすいようにまとめたものです。

でも、子育ての正解はひとつではありません。「その親子に

とっての正解」は、子どもの個性×親子のカタチの数だけ無限にあるはずなのです。ですから、お子さんに最適な声かけは、試行錯誤しながらご自身で見つける必要があります。

　でも、お子さんの専門家のあなたなら、きっと大丈夫です。お子さんのことはあなたが一番よくわかっているでしょうし、お子さんもまた、ほかの人のどんな言葉よりも、あなたからの言葉を待っているでしょうから。

その4　お子さんと同じくらい、自分のことも大切に

　実践にあたって、決してムリはしないこと。毎日ただでさえ大変なお母さん・お父さんでも手軽に続けられるように、できるだけ本書のハードルは下げてお伝えしています。

　それでも「しんどいな」という時は、遠慮なく一旦休んでください。そして、一人ですべてをがんばらずに、パートナーはもちろん、誰でもいいので頼れる人には頼って欲しいと思います。

　でも、誰かに子守りは頼めても、「親」だけは誰にも代わってもらえないのが、本当に大変ですよね。

　だけどそれは、お子さんにとって「お母さん」「お父さん」は世界でたった一人、あなただけだからです。それだけあなたは、かけがえのない大切な存在なのです。

　ですから、どうか、お子さんと同じくらい、自分のことも大事に、大切に……。

CHAPTER

心 の 片 づ け を す る 声 か け

このCHAPTERは、準備体操です。
まずは、お子さんのことに入る前に、自分自身の心
の中を一緒にお片づけしてみませんか?
完璧を目指さなくていい。ちょっとくらい怒っても
いい。親だって、できないことがあってもいい。
がんばり過ぎて思い詰めている方も、忙し過ぎて余裕
がない方も、ちょっと深呼吸&心と頭のストレッチ。
誰よりもまず、自分に優しくできなければ、子ども
に優しくなんてできませんから……。

「完璧な親」は目指さない

声かけ001 **キホン**

BEFORE ▶
また怒ってしまった
▼
変換
▼
AFTER ▶
しゃあない、しゃあない、あるある〜

POINT 「絶対怒らない育児」は、さっさと諦めるべし！

　最初に言いますが、「絶対に怒らない育児」は、生身の人間にはムリなので、さっさと諦めるべし！（笑）

　親だって人間だし、人間には感情がある。当たり前のことなのに、みんな忘れてますよね。身体に悪いので、「ひたすらガマンする」は、親も子もナシで！

　ただし、（以前の私と同じように）毎日怒りっぱなし、怒られっぱなしの状態だとお互いにしんどいので、そこさえ脱出すればOK。「また怒っちゃった」は自分比で10〜30%程度カットを努力目標にして、それ以上は「**しゃあない、しゃあない、あるある〜**」と諦めてしまうのが現実的というモノ。

　だって、子どものことを思えば思うほど、思い通りになんかならないんですから、そりゃあ、イライラもするし、腹も立つでしょう。「親のイライラ」は責任を持って一生懸命子育てている証拠！

　家族みんなが元気なら、それだけですでに満点ですからね。

肩の力を抜く呪文を決めておく

　子育てで思い詰めそうな時やしんどい時、自分自身に声かけする呪文をあらかじめ決めておくといいでしょう。

　日本にも世界にも、ほどほどさや不完全さを許容・推奨するちょっとした表現は、本当に沢山あります。

［肩の力を抜く呪文の例］

沖縄の方言	なんくるないさ〜（なんとかなるよ）
宮崎の方言	てげてげでいっちゃが（テキトーでいいよ）
石川の方言	じゃまない、じゃまない（問題ないよ）
徳島の方言	しわしわいきよ（ゆっくり行こうよ）
静岡の方言	いいだよ、いいだよ〜（気にしないで）
茨城の方言	はァ〜、よかっぺ！（もう、いいでしょ）
宮城の方言	おつかれさんだっちゃ（お疲れ様）
北海道の方言	なんも、なんも（いいから、いいから）
英語表現	Take it easy.（気楽にいこうよ）
英語表現	That's good enough.（十分できています）

　また、今までの人生で恩師や友人などの言葉が、肩の力をフッと抜いてくれた経験はありませんか？

　私自身も、古い友人からの**「やり直しがきかないことなんてないからね」**という言葉をいつも心の片隅に置いています。

「理想の親」から離れる

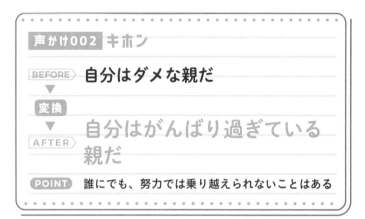

声かけ002 キホン

BEFORE 自分はダメな親だ
▼
変換
▼
AFTER 自分はがんばり過ぎている親だ

POINT 誰にでも、努力では乗り越えられないことはある

　残念ながら、どんな人でも、どんなにがんばってもできないことはあります。

　親にも子にも他人にも、「努力では乗り越えられないこと」はあるものなんです。

　親の時間・体力・気力・財力などにも限界がありますし、その人それぞれの個性によっても、「どうしてもできない」「がんばってもムリ」なことはあります。

　親から子への愛情が無限に永遠に湧き続けることなんて、私には素敵なファンタジーのように思えてなりません。

　だから、もしも今、精一杯子育てをがんばっているつもりなのに、「ちっともうまくいかない」「結局怒ってしまう」「子どもを可愛いと思えない時がある」……なんてことで、自分を「ダメな親だ」と責めている方がいたら、どうか**自分はがんばり過ぎている親だ**と思い直して欲しいんです。

　そんな方が今本当に必要なのは、これ以上の努力じゃなくて、休息・息抜き・手抜きなんじゃないでしょうか。

物事に優先順位をつける

　まずは物理的な限界値を、目で見て自覚できる工夫をすると、物事の優先順位がつけやすくなります。

- ファミリータイプのカレンダー
- スケジュール管理アプリ
  （家族で共有できるもの）
- ふせん、ToDo リスト、掲示板

　……などを活用して、予定や「やること」を書き出し、家族全員で見えるようにして、共有するといいでしょう。

　そして、「どうしてもスグにやらないといけないこと」「早めにやっておきたいこと」「できればやりたいこと」など、物事に優先順位をつけます（色分けするとGood！）。

　この時、全体を眺めてみて、スキマが全然なくてキツイ場合は、「私にしかできないことは何？」と、自分に問うクセをつけるといいでしょう。

「なんでも一人で、ちゃんと、完璧に」する必要は全くありません。家計同様、子育てがしんどい時には貴重な親のエネルギーの残量を把握し、節約・温存するのがやりくり上手！

　子どものお迎えがムリな時は、ファミリーサポートや送迎サービスもある。学用品や工作材料の用意は、ネットで大抵手に入る。給食のコップ袋も学校で集める雑巾も、手作りしようが、100円ショップで買おうが同じ仲間です。

　どうしても、お母さん・お父さん本人でなければできない、もっともっと大事なことがほかにあると思いませんか。

　親の限られた貴重な愛情は、手作り小物やお弁当に詰めずとも、直接子どもに手渡せばいいんですから。

BEFORE ▶

母はいつも笑顔でいなければ！

▼

変換

▼

AFTER ▶ **コノスカポンタン！**

POINT 「母は人間」。心の中で呪いを解く

「母は太陽」「母は大地」「母は海」などと、何かと「お母さん」は、過剰な理想像を求められがちです。

当然ですが、「母は人間」です。

こんな世間の……特に男性や、祖父母世代や、子育て経験のない人からの、「理想の母」の幻想・妄想を押しつけられては、たまったものではありません（勝手に神格化しないで〜！）。

本当に子育てはキレイゴトだけではできません。

私も「お母さんはいつも笑顔で」なんて、「この部屋の惨状を見てからお願いします」と言いたいです！

こんな「理想の母」へのプレッシャーを感じたら、心の中で**「コノスカポンタン！」**と唱えて呪いを解くべし。お母さんが自然と笑顔になれれば素敵だけど、「ひたすらガマン」で自分の心を封印したら、本心からの笑顔が消えてしまいます。

それに、よ〜く考えてみてください。太陽だって夜はしっかり寝ています。大地だって時々怒りがバクハツします。海だって栄養分がタップリあるからこそ豊かなんです！

だからお母さん業の方は堂々と、よく寝て、時々怒って、息抜きしながら美味しいものを食べて全然OKですからね。

自分のできてるところを見る

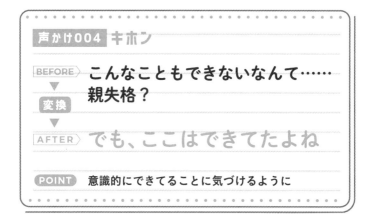

声かけ004 キホン

BEFORE こんなこともできないなんて……
親失格？

変換

AFTER でも、ここはできてたよね

POINT 意識的にできてることに気づけるように

　子育てはその子の「できてるところを見る」のが、とっても大事です（Step25、p.93で後述）。

　ただその前に、まずは親自身が意識して「自分のできてるところ」を見る練習をしてみるといいでしょう。すると、子どものできてるところにも気づきやすくなるんです。

　親として責任感の強い人ほど、どうしても、できてるところより、できなかったことのほうが気になってしまうもの。

　でも、心の「マイ・鬼BBA写真集」だけを見て、一人で落ち込んで反省会を始める前に、よ〜く思い出してみませんか。

　1日をトータルで見てみれば、100点満点ではなくても、フツーに穏便に何ごともなく無事に過ごせたこと、まあまあ自分なりにがんばれたこと、淡々と通常業務をこなせたこと、お子さんが喜んでたこと……など、意外とあることに気づけるはずです。

「できてるところ」リストを作る

「謝ることはあっても、ほめられたことはない」「年中無休の無償労働なのに、なんの感謝もない」「親なんだから、やって当然・できて当たり前と思われる」……。

　毎日一生懸命子育てしているのに、もしも、こんな実感しかないのなら誰だって自信をなくします。

　子どもに自信をつけてあげる前に、まず「親の自信を回復してから」が順序というもの。

　こんな時は、自分の「できてるところ」「いいところ」「素敵なところ」を書き出したリストを作るとGood！

　手帳に手書きでも、スマホアプリで自分宛てにメッセージを送ってもOK。できれば、全部で100コはひねり出すべし！

　……え？　そんなに出ない？　（リストに「謙虚」と追加）

　では、次の質問を自分自身に問いながらご再考を。

　毎日の、一見当たり前のことの中から、自分のできてるところ・いいところ・素敵なところを沢山発掘できるでしょう。

Q.「これって本当に、やって当然?　できて当たり前?」
例：家族に毎日3食出している（給食・お惣菜・外食コミで）
　　子どもの身の回りの世話や後始末をしている

Q.「これって本当に、私の短所・欠点?」
例：お節介だけど、「人情に厚く、面倒見がいい」とも言える
　　心配性だけど、「慎重で、細やかな気配り」ができる

Q.「これって本当は、私のがんばりのおかげなのでは?」
例：よく動き回る活発な子でも、今まで無事に生きてこられた
　　学校がキライな子でも、家では安心して過ごせている

Q.「これって本当は、私のこと大好きだからと違う?」
例：大した用もないのに「ママ〜」と、よくご指名がかかる
　　家族が家に帰ってくる（多少寄り道しても）

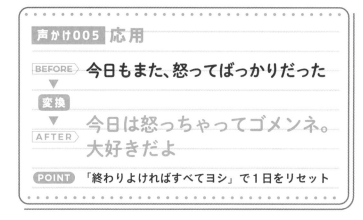

BEFORE
▼
今日もまた、怒ってばっかりだった

変換
▼

AFTER
今日は怒っちゃってゴメンネ。
大好きだよ

POINT 「終わりよければすべてヨシ」で1日をリセット

そうは言っても、子どもに優しくできなかった日は、寝る前に反省会をしたくなりますよね（私もです！）。

でも、可愛い我が子の寝顔を見ながら悶々と反省会をするより、子どもが眠りに落ちる前の、ほんの数分・数秒でもいいので**「今日は怒っちゃってゴメンネ。大好きだよ」**とギューしてあげれば、大抵のことはリセットしてくれるはず。

「終わりよければすべてヨシ」で、明日のために充電を。

遊園地の帰り際の法則

休日の子連れ遊園地。最初は楽しく遊んでいたのに「帰ろう」と言った途端泣き暴れられ、最後は「もう二度と連れて来ない！」なんて担ぎ上げて帰った経験、ありませんか（笑）。

ここで大事なのは、気まずい空気を引きずることではなく、「それまでは、楽しかったよね」のほうを、後からでもちゃんと見ることなんです。ほんの少しの「できなかった」で、それまでの「できた」を一瞬ですべて吹き飛ばしちゃうのは、高い入場料を払ったのに、あまりにモッタイナイでしょ？

子どもへの要求を分別する

声かけ006 キホン

BEFORE
▼
変換
あれも、これも、
ちゃんとさせなくちゃ！

▼
AFTER
これって、今スグ、どうして
もできないとダメ？

POINT 今スグできないとダメなことは、そう多くはない

親というのは、たぶん本能的に「あれができたら、これ」
「これができたら、それ」と、子どもの成長を願う生き物なん
じゃないでしょうか。

加えて、公園ですら子どもが自由に遊べないような、何かと
大人のほうに余裕がない社会環境だと、子育てに余計にプレッ
シャーを感じやすいのだと思います。

でも、なんでも「ちゃんとさせなくちゃ」と思うと、子ども
のできないことばかり目についてしまいます。

「あれも、これも」と子どもに要求しそうになったら、**「これっ
て、今スグ、どうしてもできないとダメ？」**と自分に問いかけ
てみるといいでしょう。

もちろん、ある程度は周りの人に配慮する必要はあります
が、いっぱい泣いて、笑って、怒って、はしゃいで、走り回る
のは、今しかできない子どもの特権でもありますよね。

「今スグ、どうしてもできないとダメなこと」って、本当はそ
う多くはないのかもしれませんよ。

子どもへの要求を大事度で分別する

　いずれは我が子を社会に送り出す親の責任上「子どもにできて欲しいこと」も、本当に切実に必要なことから、そんなにがんばらなくてもいいことまで、段階があるはずです。

　そこで、ご自身の今の子どもへの要求を大事度で分別して、ここで一旦整理してみてはどうでしょうか。親に余裕がない時は「大事度が高いことだけ」で「まあ、ヨシ」としませんか。

子どもへの要求を整理する手順

① 子どもに今、「ちゃんとさせなくちゃ」「できるようにしなきゃ」と思うことを、ふせんに具体的に書き出す
② それを、以下の表のように、大事度順に分別（この表は、あくまでうちの一例です。人生で何を「大事」とするかは、親の「人生観・子育て方針」そのものなので、各ご家庭で適宜アレンジをお願いします）

［大事度レベル表～うちの例］

大事度 5	ギリギリ最低限できないと、社会生活が難しいこと 例：健康・衛生の維持、人としてのルール遵守など
大事度 4	ある程度できると、生きるのがラクになること 例：基本的な自己管理、多少の会話力、マナーなど
大事度 3	なるべく身につけておくと、人生の助けになること 例：自己理解と工夫、危機管理、相談する力など
大事度 2	多少はできたほうが、人生がより豊かになること 例：趣味・教養、ほどほどの人づき合い、乗り物など
大事度 1	できなくても、生きる上で大きな支障はないこと 例：年号や公式の丸暗記、リコーダー、縄跳びなど
大事度 0 or ▲	できてもムダか、むしろ人生の損失になること 例：ひたすらガマンし、限界を超えてムリする力

Q 「うちの子、ひょっとして発達障害？」と気になるのですが、「障害」と言われるとちょっと大げさな気も……

A 「障害」はその子の個性と環境との相性で変わる

近年「発達障害」という言葉の認知度が上がり、いくつか特徴が当てはまって「ひょっとしてうちの子も……？」と不安になる方も少なからずいらっしゃるでしょう。確かに、適切な療育やサポートを受けて、失敗・叱責体験などの機会を減らせたり、障害者手帳がある場合などは、公的な扶助・控除や就労支援などを受けられたりするメリットもあります。

ですから、お子さんのことで「あれ？」と気になったら、まずは「かかりつけの小児科」などで気軽に相談するといいでしょう（気になる点があれば、専門病院の紹介も）。

でも、いざ「障害」となると、「ちょっと違和感がある。ただの個性では？」「なんだか大げさな気がする」……などと感じる方も少なくないでしょう。どこからが「個性」で、どこからが「障害」なのか、線引きが難しいですよね。

私は、今の環境と、その子の個性との相性次第で、その間に「障害物」があるか、日常生活に支障なく適応できるかが、その都度変わるものだと思っています。

極端な話、学校では多動性・衝動性が強くて問題児扱いされた子も、ある日人類がサバイバル狩猟生活に突入したら、超優秀な人材になれるかもしれません。逆に、本来「障害」というほどではない子でも、大らかさや柔軟性のない環境では、問題行動や苦手さが目立ち、適応できない可能性もあります。

でも、診断のある・なしにかかわらず、どんな子でも親のやることは同じ。

愛情を伝えつつ、その子に合った接し方をするだけです。

自他に線引きをする

声かけ007 キホン

BEFORE ▶ **子どものため！**

▼

変換

▼

AFTER ▶ 自分は自分、
子どもは子ども

POINT 子どもとの上手な線引きが、親がどーんと構える極意

「子どものため！」という言葉に、親は弱いものですよね。

特にお母さんは、我が子を自分の分身のように感じるからこそ、熱を出せば「代わってあげたい」と思い、かけっこで1等賞を取れば自分まで誇らしくなり、友だちに仲間はずれにされたら一緒に胸が張り裂けそうになる……。これが愛着心であり、自分の子が特別可愛く思え、無報酬でも子育てを続けていける、とても大事な原動力だと思います。

一方で、子育てを自分の「すべて」にしてしまうと、どうしても我が子に期待し過ぎて、子どものことで一喜一憂したり、できないことや思い通りにならないことに、余計に不安や焦りやイライラを感じやすくなってしまうかもしれません。

我が子を特別に感じつつも、ある程度で**「自分は自分、子どもは子ども」**と上手に線引きできると、子どものできないことを目の当たりにしても、自分まで傷つかずに済みます。

子どもとの間に上手に線引きすることが、親がどーんと構えていられる極意です。

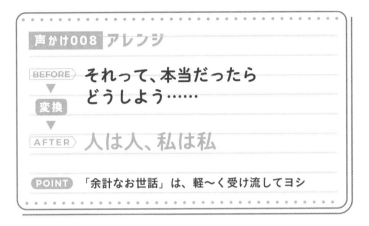

声かけ008 アレンジ

BEFORE ▼ 変換 それって、本当だったら
どうしよう……

AFTER 人は人、私は私

POINT 「余計なお世話」は、軽〜く受け流してヨシ

　世の中には「〜すると、○○な子になる」なんて、根拠の不確かな情報があふれていますし、ほかの人とのやりとりの中で、モヤモヤと気になってくることもあるでしょう。

　例えば、祖父母に「スナック菓子は一切あげちゃダメよ」なんて言い切られたり、実際は特に問題があるように思えないのに、ママ友の憶測によるウワサ話や勝手な決めつけで、「○○先生はハズレ」「あの子、問題児なんですって」なんて聞いたりすると、「ひょっとして、そうかも」なんて気がしてくる……。

　これを一言で表現すれば、「余計なお世話」ですね（笑）。あくまで「その人は、そう思っている」ってだけですから、言われたことは「そう思う人もいるんだな」と参考程度にとどめて**「人は人、私は私」**と線引きし、**「へえ〜、そうなのかなあ」**と、軽〜く受け流してヨシ、です。

　他人が勝手に送りつける「余計なお世話」は、迷惑メールのフィルタリング同様、自動的に振り分ければいいんです。

　自分と他人の考えの間に「上手な線引き」ができるようになると、他人の意見に振り回されずに、「うちの子の子育て」がブレなくなると思いますよ。

「自分・子ども・他人（環境）」で宿題の線引き

　今度は子育ての悩み（宿題）を「自分・子ども・他人（環境）」で線引きしませんか。少しモヤモヤがスッキリするでしょう。例えば、お子さんが「集団行動が苦手」な場合も、本人・家庭で努力や工夫ができることもあれば、先生の要求レベルが高過ぎること、学校の人材不足など、環境側の宿題が背景にあって、必要以上に問題視されている可能性もあります。

> **子育ての宿題を線引きする手順**
>
> ① 悩みを具体的に行動ベースでふせんなどに書き出す
> ② それを、以下の表を参考に、一つひとつ「これって誰の宿題かな？」「主語は誰？」と見分けながら、その宿題を「自分・子ども・他人（環境）」で線引きする

［子育ての宿題線引き表〜うちの例］

子どもの宿題	● 子ども自身ができるようになりたいこと ● 将来の自立のために大事度が高いこと **できることの例：声かけ、見守り、環境を整える**
できること 自分の宿題	● 自分の個性や育ち方、人生経験等による考え方のクセで、つい気になってしまうこと **できることの例：自己理解、工夫、妥協・譲歩**
できること 他人（環境）の宿題	● 相手に事情や課題があって、起きていること ● 社会的な制約や課題があって、起きていること **できることの例：第三者に相談、環境を変える**

　「子ども」の宿題は、親が代わりにやってあげることはできず、「他人」の考え方や社会環境を今スグ変えることも難しいでしょう。「自分にできることは何か」具体的にできる行動を見つけて、一つずつ実行していくことが大事です。

イライラとつき合う

声かけ009 キホン

BEFORE
▼
うるさい！　あっちいって！

変換
▼
AFTER
お母さん、
疲れてるから寝てくるね

POINT イラッときたら、反省ではなく、休けいを！

　人間誰でも、疲れるとイライラします（私もです）。

　ましてや、親の思い通りになんかならない子育て中。さらには、仕事やきょうだい育児、障害のある子の子育てなどをワンオペで担うしかない状況なら、なおさらでしょう。

　それでも、こちらがどれだけ疲れていようが「ママ、これして、あれして」と、子どもは容赦してくれませんよね。

　そんな時親ができることは、反省ではなく「昼寝」です。

　「イライラしてはダメ」ではなくて、「そんな時はどうすればいいか」に目を向けるのが現実的でしょう。

　まずは「今、私、イラッときているな」と自覚し、「**かあちゃん、疲れてるから寝てくるね**」と、子どもに一言声かけして、その場をさらっと離れ、少々休むのがいいでしょう。

　子どもが追いかけてくるかもしれませんが、それでも、休むと言ったら休むべし。

　これが習慣になると、子どもも次第に「そういうモノ」と、理解してくれますから。

イラッときた時にいつでもできる小技

　昼寝以外にも、イラッときた時にクールダウンできる、ちょっとした小技はいろいろあります。例えば、私は……

- フーッと長めに息を吐いて、一呼吸（ため息とも言う）
- トイレ休憩（子どもの可愛い写真を置いておく）
- 軽くストレッチ（首や肩を回す、伸びをする）
- 顔を洗う、ハミガキをする
- 窓を開けて換気する
- 単純で単調な動きの家事（皿洗い、洗濯たたみ、コゲ落とし、草むしり、空き缶つぶしなど）を、無心で淡々とこなす
- 水・お茶を一杯飲む

　……などをしています。

　ポイントは、一時的に少しだけ、子どもと心理的・物理的に距離を取ることと、感覚的な刺激を自分に与えること。

　いよいよ思い詰めてしまうと、「子育てしていると、一日中全く気が休まらない」「片時も休めない」なんて気がしてきますよね。

　でも、深呼吸くらいのことなら、いつでも、自分の意志とタイミングでできる気がしませんか？

　冷静に見渡してみたら、お茶を一杯飲む時間くらい、見つかりませんか？（そのくらいは、子どもに待ってもらっていいんですよ）

　あんまり自分で自分を追い込まないようにお願いしますね。

「秘密の手抜きカード」を増やす

　もし、本当の本当に一瞬たりとも休めないのであれば、働き方を含め、生活全般を根本から見直す必要があります！

　何度でも言いますが、親も人間だし、時間・体力・気力・愛情には限界がありますからね。倒れるまでがんばっては、結果的にも、子どものためになりません。

　そこまででもなければ、ちょっとした時短や省エネの工夫をして、手持ちの「手抜きカード」をこっそり増やしておくといいでしょう。一つひとつはささやかなことでも、やるのとやらないのとでは、負担感が随分違ってくると思います。

　参考までに（お恥ずかしながら）私の「秘密の手抜きカード」を特別公開です。ココだけの話ですよ……！

- 子どもの上ばき・靴は、ネットに入れて洗濯機で洗う
- 洗濯物がたためない時は、山積みにして「ご自由にお取りください」に……（ハイジごっこもできます）
- 風呂、トイレ掃除はブシューッと泡スプレーでこすらずに流すだけ（お掃除シートで、トイレのエラーは各自セルフで）
- パパは形状記憶シャツか、ポロシャツ着用のこと
- 中学生男子の弁当は保温ジャーにレトルトカレー・丼・麺類で5分で用意。もしくは「朝、コンビニで買ってってね」
- 力尽きたら宅配ディナー（レトルト、カップ麺の備蓄も）

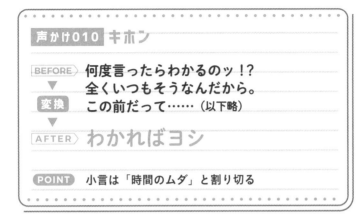

小言を減らす

声かけ010 キホン

BEFORE 何度言ったらわかるのッ！？
全くいつもそうなんだから。
変換 この前だって……（以下略）

AFTER わかればヨシ

POINT 小言は「時間のムダ」と割り切る

　子育てしていると「イラッ」「ムカッ」とくることが次々出てくるのは当たり前。

　この状況の中で改善の余地があるのは、「イライラ、ムカムカ」と気持ちを引きずって、小言を延々と続けてしまうのを回避し、なるべく早めに切り上げることです。

　つい小言を続けてしまうのは、一つの出来事をきっかけに、「あの時もそうだった」「これじゃ先が思いやられる」と、過去や未来に想像を巡らせて、思考のループに入ってしまうからではないでしょうか。

　でも、子どもがちゃんと聞いてるのは最初の1分程度で、長々と続けてもかけた労力に対する「費用対効果」が見合わないでしょう（笑）。

　一言二言三言と、言っておきたいことは山ほどあるとはいえ、この際「時間のムダ」と割り切って、**わかればヨシ**と早めに矛を収めてしまうのが上策＆人生効率UPです。

よく言う小言は、モノで代用して効率化！

「毎日毎日、同じ小言ばかり言っている」気がしたら、「別の
モノで代用する」工夫をして、パターン化を避けるようにする
といいでしょう。例えば、うちでは……

> ● ゲーム時間等の「うちルール」をテレビの上の壁に張り紙
> ● トイレのフタの裏に「流した？」の自作標識
> ● 洗面所の鏡に、歯磨き・手洗いの手順の市販ステッカー

こんな工夫で、同じ小言を繰り返したくなった時に、張り紙
を指差して、「見て」の一言で済ませることができます。

 ## それでも小言がやめられない場合には……

実は、「小言」はお酒やタバコと同じように、依存性・中毒
性があるのではないか、と私は疑っています。

仮にこれを「小言中毒」と表現すると、どうしても小言がや
められない場合は、「つい飲み過ぎてしまう」「つい1本吸って
しまう」人と同じ状態。だから、「つい一言出してしまう」背景
には、何かしらの理由があるかもしれません。例えば、

> ● 過度なストレスや、不安感・不満感をためやすい状況
> ● 適度な息抜きや、ストレス解消の選択肢が少ない状況
> ● 問題に対する具体的な解決の手立てが見えにくい状態
> ● 小言が出やすいシチュエーションのパターン化

など。生活習慣病のようなモノだと思って、生活全般を見直
し、自分と家族の健康のためにも、少しずつ「小言に頼る」要
素を減らすことが必要なのではないでしょうか。

Step 08 パッと見の決めつけを回避する

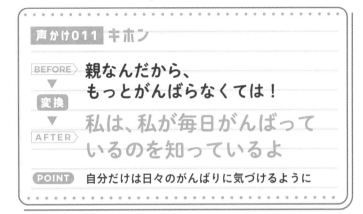

声かけ011 キホン

BEFORE ▶ **親なんだから、**
もっとがんばらなくては！

変換 ▼

AFTER ▶ 私は、私が毎日がんばって
いるのを知っているよ

POINT 自分だけは日々のがんばりに気づけるように

近所迷惑を気にして赤ちゃんを必死で泣かせないようにし、電車で小さな子がはしゃがないように気を遣い、少しでもほかの子と違うところがあれば不安になり、子どもが一度でも失敗や人生の道草をすると、やり直せない気がする……。

こんなプレッシャーの強い環境で子育てしていると、もっともっと、がんばらないといけない気にもなりますよね。

しかも多くの場合、周りの人には子育ての「ごく一部分」しか見えていません。たまたま子どもが泣いて暴れたり、ワガママを言ったりして、ついに親の堪忍袋の緒が切れた瞬間の「部分」だけを見て、「全く、最近の親は……」と、いつもそうであるかのように思われがちで、そこに至るまでの紆余曲折や、日々の気が遠くなるような努力は他人には見えていません。

でも、誰も見ていなくても、誰もほめてくれなくても、**「私は、私が毎日がんばっているのを知っているよ」**と、自分だけは、日々のがんばりに気づいてあげませんか。子育てプレッシャーなんて「どこ吹く風」でいいじゃないですか。

自動車教習所「かもしれない運転」の法則

ドライバーの方は、教習所や運転免許の更新で「だろう運転」と「かもしれない運転」の違いを習いますよね。

道路の死角に「歩行者なんていないだろう」と決めつける「だろう運転」ではなく、「ここからは見えないけれど、もしかしたら、角から子どもや自転車が飛び出してくるかもしれない」といった「かもしれない運転」を心がけましょう、というあの定番のお話です。

これと同じく、私は自分に見えている部分……つまりパッと見で「こうだろう」と決めつけそうになったら、想像力をたくましく広げて、「でも、こうかもしれない」と修正しています。

例えば、公園で子守り中のパパさんを見かけたら……

A. 子どもと笑顔で会話しながら、全力キャッチボールパパ
B. 木陰で子どもはゲーム、自分はスマホのテキトーパパ

パッと見、Aのパパは素敵なイクメンで、Bのパパはアテにならない感じがします。でも、他人の私に見えているのは、その親子の日常生活のごく一部分に過ぎないんですね。

もしかしてAのパパは、子どもと公園に行くのが年に一度なのかもしれません。家では「こんなところにホコリが……」なんて細かく言う、疲れるタイプかもしれません。

もしかしてBのパパは、こまめにママに息抜き時間を作ったり、子どもの遊びに気長につき合えたりするなど、多少のことは気にしない、大らかなタイプかもしれません。

ですから、10年20年と続く育児の持続力・継続力という点では、Bのパパのほうが頼りになるのかもしれません。

大事なのは「どちらがいいパパか」じゃなくて、見えている部分だけで、相手のすべてを決めつけないことです。

イザという時のために……

声かけ012 **キホン**

BEFORE **大丈夫です**
▼
変換
▼
AFTER お願いしてもいいですか？

POINT 小さな厚意を「受け取る」練習をしておく

　子育て中、大変ではあるけれど、「世の中捨てたもんじゃないな」と思う経験も結構あるんじゃないでしょうか。

　見ず知らずの通行人がベビーカーを持って階段を登ってくれたり、体調不良の時にママ友が子どもと一緒に登園してくれたり、ボランティアさんが小学生の登下校の見守りをしてくれたり……。

「何かあれば、役に立ちたい」と思っている人は身近なところに案外いるものです。もし、困っている時に誰かが手を差し伸べてくれたら、強がらずに**「お願いしてもいいですか？」**と厚意を受け取り、日頃から人に頼る練習を小さなことから積み重ねておくといいでしょう（がんばり屋さんは、特に！）。

　もしも、本当に手助けが不要なら**「ありがとうございます。今は大丈夫です」**と、気持ちだけでも受け取ればOK。

　ご近所さんやママ友に少しだけ子どもを預かってほしい時などは、丁寧に頼んで頭を下げ、日頃からお世話になっている方には、時折手土産などを渡しておくといいですよ。

イザという時の「連絡先リスト」を作る

「もしも」に備えて、連絡先・相談先のリストを作り、子どもにも「**ここに、こういうことを相談できるところがあるからね**」などと、事前に伝えておくといいでしょう。

例えばうちでは、こんなリストを電話機の横に張っておいたり、スマホで電話帳登録やブックマークをしたりしています。

- パパのケータイ・職場の代表番号、災害伝言ダイアル
- 学校、かかりつけの医療機関、警察や救急など
- 頼れそうなママ友・ご近所さん、祖父母や親戚
- 児童相談所、命の電話、いじめ・人権相談室などの各種ホットライン（学校などからもらうカードも一緒に）
- ネットの思春期の悩み・いじめ相談のSNS・掲示板など

 子育ての法則

災害時の避難訓練の法則

自然災害など、非常事態が発生した「イザという時」役に立つのは、日頃の備えや訓練ですよね。あらかじめ心の準備をしておくことで、本当に被災した時冷静に対応でき、時には、少しの知識や経験が生死を分けることもあるでしょう。

子育てにも「非常事態」があります。

例えば、親が心底疲れ切って思い詰めてしまったり、子どもを可愛いと思えずすべてを投げ出したくなったり、ついカッとなって感情が暴走したり……などの可能性です。

私はこれは、自然災害と同じように「誰にでも起こりうること」だと考えています（当然、私にもです）。

だから、防災と同じく日頃から備えておくのが大事。孤立無援の状態に、自分と我が子を置くことだけはなんとか避けて欲しいです。少しの備えで結果が変わることもありますから。

自分を粗末にしない

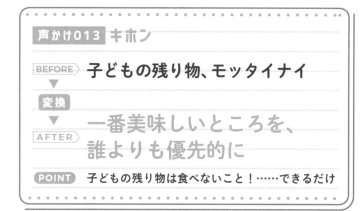

声かけ013 キホン

BEFORE
子どもの残り物、モッタイナイ
▼
変換
▼
AFTER
**一番美味しいところを、
誰よりも優先的に**

POINT **子どもの残り物は食べないこと！……できるだけ**

　自戒も込めて言いますが、子どもの残り物はモッタイナイけれど、食べないほうがいいですよ。自分を粗末にしない！

　特にお母さん業の方は、炊きたてのホカホカごはんの、真ん中辺の上澄みの **「一番美味しいところを、誰よりも優先的に」** 食べる権利があります。

　残り物の始末は下腹のポッコリにはなっても、心の栄養にはなりません。家計も気になるけど、自分で自分を大事にしてあげないと！

　……でも、わかっちゃいても、私もついつい食べちゃうんですよね、子どもの残り物（おかげで、第一子が生まれた後からM→ML→Lへと、順調に「ステップアップ」しています）。なんで主婦の習性ってそうなんでしょうか（笑）。

　一人の時のランチでも、時々は温かくて美味しいものを食べるべし。念のため釘を刺しておきますが、卵かけごはん・サケ茶漬け・素うどんで簡単に済ませないこと！　これ本当に大事です。

楽々子育て相談室

Q 自分が親に大事にされてこなかったせいか、子どもに優しくできなかったり、愛情深い接し方がわからない時があります

A 「小さな私」を、我が子とともに育てていくイメージで……

ずは「**今までよくがんばってきたね**」と、今ご自身がそこに生きていること自体を、精一杯ほめてあげてください。親の理想通りの子どもがいないのと同じように、子どもの理想通りの親もいません。ましてや、ご自身が著しく不適切な養育環境で育てられた場合などは、自分が親となった時にも子育てに支障が出てしまうこともあるでしょう。

自分が大事にされてこなければ、子どもを大事にするにはどうしたらいいか、よくわからないものだと思います。現在の日常生活にも支障がある場合、医療機関やカウンセラーなどの専門家の力を早めに借りることを強くオススメします。

そこまで深刻でなくても、実の親が忙し過ぎたり、過保護・過干渉気味だったり、躾が厳しかったり、あるいは親に病気や障害などがあって、適切で十分な育児が難しかったりした場合もあるでしょう(私もそんな子ども時代でした)。

すると、可愛い我が子を前に急に封印していた感情が湧き出し、無意識に親と同じような接し方を子どもにしてしまい、強い自己嫌悪を感じて落ち込むことだってありますよね。

そんな時は「**寂しかったね**」「**つらかったね**」「**イヤだったね**」と、過去の「小さな私」の気持ちに気づいてあげてください。お子さんから離れて、トイレなど一人になれる場所で、泣いたり怒ったりしていいんですよ。ムリのない範囲で、お子さんには本当は親にして欲しかったことをしていくといいでしょう。そして「小さな私」を我が子とともに育てるイメージで、一緒にギューッと抱きしめて、同じように愛してあげてくださいね。

CHAPTER

愛着と信頼関係を築く声かけ

このCHAPTERが、本書の中で最も大事なところです。親子関係の土台となる、基本的な愛着と信頼関係がしっかりできていれば、大抵のことはなんとかなります。

子どもに親の愛情を伝えること……ここだけは、ほかの人に替われない・譲れない、親にしかできないことです。そして、ここだけでも押さえておけば、たとえ困難な事態に直面しても、乗り越えていけるし、失敗しても何度でもやり直すことができます。

あなたの「大好き」というたった一言が伝わっているかどうかで、お子さんの未来に天と地の開きができます。ここが勝負です！

愛情をわかりやすく伝える

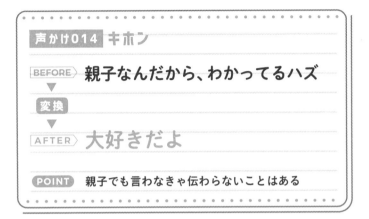

声かけ014 キホン

BEFORE 親子なんだから、わかってるハズ
▼
変換
▼
AFTER 大好きだよ

POINT 親子でも言わなきゃ伝わらないことはある

　我が子に「**大好き!**」って言葉にして伝えていますか?「そんなの言わなくてもわかるはず」って思う方もいるかもしれませんが、日本人の場合は特に、言葉にしてハッキリと子どもに伝えている親は多くはないように思います。

　もしも、「我が子への告白」がまだなら、勇気を出して!

　たとえ親子の間でも、言わなきゃ伝わらないことは、いっぱいあります。なかにはカンが良くて、仕草や言葉のニュアンスから上手に察してくれる子もいるでしょうが、特に人の表情から感情を正確に読み取るのが苦手な子、自分の世界に入ると人の話が聞こえない子などに、以心伝心を期待して待っていても永遠に気づきませんから!

　ここでのお手本は、恋愛上手のイタリア人にチャラ男君ですよ。「**大好きだよ**」「**〇〇ちゃん、今日もきゃわうぃ〜ね〜**」って、毎日息をするように、自然に、マメに、わかってくれるまでしつこく伝え続けるべし!

言葉以外でも愛情を伝える

言葉にして愛情を伝えるのはとても大事ですが、言葉は万能ではありません（どんなに「好きだ、好きだ」と言われても、口先だけだとあんまり信用できないでしょ？）。

スキンシップを中心に、言葉以外でも愛情が伝わるように「できる範囲で」意識すると、どんな子も情緒が安定しやすくなり、結果的に子育てもラクになっていきますからね。

また、少し大きくなってきた子も、カタチを変えながらさり気なく愛情を伝え続けると心の芯が強くなっていくでしょう。

[言葉以外での愛情アプローチの例]

スキンシップ	●抱っこ ●ハグ ●おんぶ ●手をつなぐ ●頭を撫でる ●背中をさする ●添い寝 ●頭や肩に軽くタッチ ●身辺の世話をする ●ケガの手当や病気の看病をする ●親子あそび ●くすぐりあそび ●親子ストレッチ、スポーツの練習につき合う ●一緒にいる
ボディランゲージ	●ほほえむ ●穏やかに見つめる ●手や腕でハートマークを作る ●両手を広げて受け止める ●離れて見守る ●話や行動にうなずく ●ジェスチャー
絵・文字	●子どもの写真を撮る、飾る ●紙、スマホでメッセージやマーク、スタンプを送る ●手紙を書く
食	●楽しく食事する ●好きなおやつを用意する ●弁当に好きなおかずを入れる ●一緒に買い物や料理をする ●夜食を用意する ●外食の希望を聞く
モノ	●子どもの大事なものを丁寧に扱う（飾り棚を用意する、手入れを手伝う、壊れたら直す、など）●衣服や髪型を選ばせる、意思を聞く ●好きなことに関する道具や書籍を買い与える

きょうだい児にも愛情を伝える

　子どもにストレートに愛情を伝えることに親が不慣れな場合がある一方で、子どものほうも親の愛情を素直に受け取れないこともあるでしょう。

　特に、きょうだい児の子育ての場合、親が同じように愛情を注いでいるつもりでも、「赤ちゃんにだけ優しい」「お兄ちゃんばっかりズルい」なんて、ほかのきょうだいと比較して自分の「愛情の分け前」が少ないように感じたり、本当はお母さんが大好きなのに「ほかのきょうだいがいる前では甘えられない」「ママが大変そうだから、ガマンしなきゃ」なんて、遠慮したり……なかなか複雑な気持ちもあるようです。

　こんな時には、チャラ男君のようにこっそり隠れて抜けがけし、二人だけの時間や秘密を作るなど、上手にフタマタ、ミツマタできるといいでしょう。例えば…

- ヒミツの暗号を決める（「手を3回握ったら、大好きって意味だよ」などと伝えておく）
- 布団やコタツの中で、隠れて手をつなぐ
- 物陰に隠れて「ナイショだよ」とお菓子を口に入れてあげる
- きょうだいをパパに預け、二人きりでデートをする

　なんて、どうでしょうか。恋愛上手さんから学ぶことは、子育ての上で本当に多いんです。

　また、「我が子に面と向かって『大好き』なんて、恥ずかしくってとても言えません！」……というシャイな方は、間接アタックもオススメです。

　子どもの好きなぬいぐるみやキャラグッズ、ペットなどの口を借りて、「ワンちゃんが、〇子ちゃんのこと、大好きだって」などと伝えてもらう、なんてテもありますよ。

Q 「スキンシップが大事」とは頭ではわかっているのですが、
なかなかうまくいかず、愛情表現も全然思いつきません

A ムリなくできる範囲で、ゆっくり、のんびりでいいんです

「子育ては、スキンシップで愛情を」とはよく言われますが、「そんなのわかってるけど、うまくできない！」と、できないことを責められている気になる方もいるでしょう。

たぶん、その背景にはそれぞれ、ちゃんとした理由があるはずです。あなたは悪くないと思いますよ。

例えば、小さな子に触覚の過敏性などがあると、抱っこやお世話を嫌がるので、スキンシップで愛情を伝えにくいことも。

この場合、強制すると子どもは親を「イヤなことをする人」とカン違いすることもあるので、あまりムリしないほうがいいでしょう。ただ、ずっとそのままにしておいても、親子の愛着関係の溝が広がってしまうことも考えられます。

お互いムリのない程度で、子どもがイヤがらない部分から始めて、徐々に触れる範囲を広げ、スキンシップに慣らしていくといいでしょう。親子あそびなどもオススメです。

また、こちらから触るとイヤがる子も、**「ママのお顔で遊んでいいよ」**などと、子どものほうから好きなタイミングで好きなところに触ってもらうと、結構大丈夫なこともあります。

成長とともに過敏さは緩和されることも多いようなので、ゆっくり焦らずに、気長に続けてみるといいですよ。

また、ご自身があまりスキンシップを経験せずに育った場合などは、「ベタベタするのは抵抗がある」「そんなに愛情表現を思いつかない」なんてこともあるでしょう（私のように）。

ただ、愛情表現は、後からでも十分身につけられます。息抜きしながら、自分のペースでのんびりいけばいいんです。

話を否定せずに聴く

声かけ015 キホン

BEFORE でもさ〜
▼
変換
▼
AFTER うんうん、そっかそっかあ〜

POINT 否定せずに話を聴くことが、信頼関係の土台になる

　子どもの話は「できる範囲」でいいので、否定せずに最後まで聴いてあげられるとベスト。

　大人だって、こっちはただ聴いて欲しいだけなのに、「でもさ〜」と正論で話を途中で遮られたら、だんだんその人に打ち明け話をしなくなることもありますよね。

　子どもも同じ。あいづちで十分なので、「**うんうん**」と否定せずに最後まで聴いてあげるだけで、「この人は自分を不用意に傷つけない」「できないことがあっても受け容れてくれる」と、次第に安心感を持つことができるでしょう。

　これが親子の信頼関係の土台になります。

　日頃から、家ではなんでも話しやすい雰囲気にしておくと、もしいじめなどがあっても話してくれやすくなります。

　また、人の話をあんまり聞いてないタイプの子も、だんだん気持ちを言葉で表現するのが上手になり、次第に落ち着いて、相手の話を聞けるようになっていくと思いますよ。

あいづちで誰でも「聴き上手」に！

あいづちにも意外とバリエーションがあります。

最初はいろいろと出てこないかもしれませんが、誰でもトレーニング次第で「聴き上手」になれます。

また、子どもに「あなたの話をちゃんと聴いているよ」というメッセージを送るには、表情や目線、ボディランゲージも大事にするといいでしょう。

表情や全身のしぐさでも共感してあげると、「ちゃんと聴いてる感」が出ます（笑）。

[あいづちバリエーションの例]

共感する	なるほどね／わかる、わかる／そうだよね
興味を示す	そーなの／そーなの？／そーなんだ〜
驚く	へえ〜！／え〜！／ああ〜！
相手の言葉を繰り返す	そうか、『〜が、〇〇』ってコトなんだね／へえ、『〜が、〇〇』ってコトなの？
続きを促す	それで？／それから？／例えば？
気持ちを推測する	それはイヤだったでしょう／それは嬉しかったんじゃない？
ボディランゲージの併用	小さくうなずきながら話を聴き、時々大きくうなずく／アイコンタクトを取る（ただし、ずっと見つめ続けない）／抱っこや、肩や背中に手を当てるなど、触れながら話を聴く
同調する	子どもの視線の先にある、同じものを見ながら話を聴く／子どもが笑う時に笑い、怒る時に顔をしかめ、つらい時に眉間にシワを寄せる

BEFORE 話長過ぎ、もう限界〜

変換

AFTER そっか

POINT 限界を感じたら、テキトーに切り上げてOK

　でも、親に余裕がない時は、そんなに気長に聴けないこともありますよね。ましてや、好きなことの話は止まらない子、弾丸トークでしゃべり倒す子、次々と話が飛躍する子などに根気よくつき合うのは正直しんどいことも……（苦笑）。

　限界を感じた時の私の奥の手は、話の最後だけ**「そうか、〇〇なんだね」**と復唱したり、**「そっか」「わかった」**と短く伝えて、その場を離れるようにすること（子どもに多少不満が残るかもしれませんが、親もムリせず「できる範囲」でOK）。

　子どもに不満や不安が強い時は、じっくり話を聴いてあげたいところですが、あまりに訴える感情が強いと、人間サンドバック状態になって、親が消耗してしまうことも。

　実は、プロのカウンセラーさんが、多くの方の深刻なお悩みを聴き続けても、次の日元気に仕事に行けるのは「相談の時間枠が決まっているから」でもあるようです。

　それがしづらい家庭の場合は、**「夕飯の支度があるから、〇時までなら聴くよ」「今は10分だけ、時間あるよ」**などと時間を区切って線引きし、疲れ過ぎないように自己防衛するのも長期戦では必要です（場合によっては、プロを頼ること）。

声かけ017 キホン

BEFORE **痛くない、痛くない**
▼
変換
▼
AFTER **痛かったね**

POINT **感情と感覚は否定しない**

子どもが転んだ時、早く泣き止ませようとして「痛くない、痛くない」と言えば言うほど、余計に泣かれてしまった……なんて経験がある方もいるかもしれませんね。

やっぱり痛いものは痛いので、共感してあげたほうが結果的に早く泣き止むと思います。

この時、**「痛かったね」**と過去形にすると「もう危険は去った」ことも伝えられます。

どんな場合でも、その子が感じている感情と感覚は、本人にとっては紛れもない事実なので、これだけは否定せずに、共感してあげることが大事なんです。

子どもも、誰かにわかってもらえると安心するので、気持ちが落ち着いたり、客観的に自分を見つめやすくなります。

結婚披露宴の定番スピーチにも「二人なら喜びは2倍に、悲しみは半分」ってあるように、嬉しいことも、悲しいことも、悔しいことも、親が一緒にそばで分かち合ってあげることで、子どもの共感力と情緒も豊かに育てられるでしょう。

BEFORE **そんなこと言うもんじゃないよ**

変換

AFTER **そうか、イヤなんだね**

POINT **ネガティブな感情も否定しない**

　子どもの話を否定せずに聴いていると、「学校なんてバクハツすればいいのに」とか「あんなヤツ、大ッ嫌い」なんて、ホンネがポロリと出てくることも。

　道徳心に従えば「それはいかがなものか」と感じることもあるでしょうが、親はまず第一に子どもの味方であることのほうが、優先順位としては高いと思います。

　どんなにネガティブな感情でも**「そうか、学校イヤなんだね」「それぐらいイヤな気持ちになったんだね」**などと、まずは親が感情を受け止めてあげると、子どもはスッキリして気持ちを切り替え、前向きになれることもあります。また、こうした日々の積み重ねが、いじめの早期発見にもつながると思います。

　ただしこの時、基本的に「そーだ、そーだ」と親が子どもと一緒になって、学校や先生・友だちの悪口は言わないこと。

　火に油を注ぐように、ネガティブな感情が煽られて余計大きくなり、相手のイヤな部分にばかり目がいくようになると、いい方向への解決が難しくなるからです。

　感情を受け止めた上で、子どもの気持ちが落ち着いてから、一緒に解決策を考えてあげるのがいいと思います。

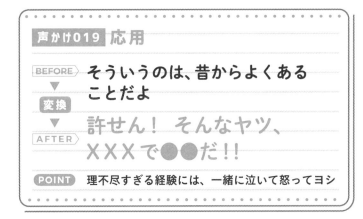

声かけ019 応用

BEFORE ▼
そういうのは、昔からよくあることだよ

変換 ▼

AFTER
許せん！ そんなヤツ、×××で●●だ！！

POINT 理不尽すぎる経験には、一緒に泣いて怒ってヨシ

　前ページで親が一緒になって他人の悪口を言わないほうがいいとお伝えしましたが、「例外」はあります。

　それは、子どもがあまりに理不尽な経験をした時です。

　例えば、いじめや暴力、精神的・身体的ハラスメント行為、体罰や行き過ぎた指導などを受け、「いくらなんでも、それはヒドイ！！」と思うことには、親も一緒に激怒し、泣いて構わないと私は思いますよ。

　支配的な状況下では、子どもは自分の感情にフタをし、恐怖心などから気持ちを言葉にできないこともあります。

　そんな「言いたくても言えない」気持ちを、親や周りの人が代わりに表に出してあげ、ため込んでいた感情が一気に外側にあふれれば、心の回復への第一歩にもなります。

　実は、うちの長男がそんな経験をした時、私は放送禁止用語を連発し、血管がちぎれそうなほど激怒し、子どもの前で悔し泣きしました。でも、ずっと後で「あの時、かあちゃんがすごく怒ってくれて、嬉しかったんだよ」と教えてくれました。

　隣で寄り添ってくれる人がいれば、どんなにつらい経験でも乗り越えられること、沢山ありますからね。

Q 子どもの話から「うちの子、いじめられている？」と、心配なのですが「子どもにはよくあること」にも思えます……

A いじめ対策は、見えない空気を見えるカタチにする

　いじめ行為を受けていても、大人に上手に言葉で伝えられない子もいるので、親は日頃から話を肯定的に聴くだけでなく、子どもをよく観察し、何かあれば「様子がおかしい」と、直感的にスグに気づけるようにしておくといいと思います。

　雑草と同じで、見つけるのが早ければ早いほど根が浅く、いじめの芽も摘みやすいでしょう。

　この時、ケガをする、モノを壊されるなどの「目に見えるいじめ」であれば学校側も気づきやすいのですが、「目に見えないいじめ」は、見えるカタチにする必要があります。

　例えば、無視される、からかわれる、クスクス笑われる……などは「子どもにはよくあること」「それぐらいは自分も経験がある」と、親も先生も感じがちでしょう。ここで大事なのは「頻度・人数・期間」と「本人の負担感」です。

　うちの長男の言葉ですが、「**パンチやキックを100ダメージとすると、笑われたり無視されたりは、1回で1とか5ダメージくらいかもしれないけど、それが大勢だとか何日も続けば、合計したら殴られるのと同じだからね**」とのこと。

　ですから、気になる出来事があれば、「よくあること」に思えても、メモや日記に、日付・時間・場所、相手の名前・人数・具体的な行動や台詞をできる限り記録するといいでしょう。そして、「よくあること」が積み重なって子どもがガマンの限界を超える前に、記録を基に具体的事実を文書化して、学校に対応をお願いすると説得力が違います。

　日頃の親の関わりが一番のいじめ対策になるのです。

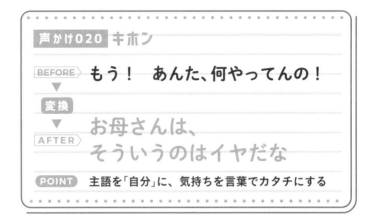

声かけ020　キホン

BEFORE
もう！　あんた、何やってんの！

変換

AFTER
お母さんは、
そういうのはイヤだな

POINT　主語を「自分」に、気持ちを言葉でカタチにする

　元気に生きていれば、当然いろいろやらかすのが子ども。

　共感的に話を聴いてあげようと思っても、どうしてもお説教や小言を言いたくなることもありますよね。

　CHAPTER 4で詳しくお伝えしますが、ここではキホンの気持ちの伝え方を押さえておきますね。

　まず、主語を子どもではなく「自分」（「私は」「お母さんは」など）にして、**「私はこう思う」**というカタチにします。

　主語を相手にすると「責められている」印象がして反撃したくなりますし、自分も主体性が弱まりがちだからです。

　日本語表現としては馴染みが薄くても、自分が思うこと・感じることには「私はこう思う」と、主語を自分にする習慣を。

　その上で、素直に思ったことを言葉にして伝えればOK。もちろん、「かあちゃん、嬉しいな」「とうちゃんも、楽しいよ」と、いい感情も沢山伝えて、子どものほうも自分の気持ちを言葉で表現できるようになってくればシメタもの。

　親子のコミュニケーションが格段にラクになります！

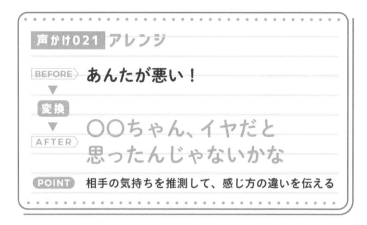

声かけ021 アレンジ

BEFORE あんたが悪い！

変換

AFTER ○○ちゃん、イヤだと
思ったんじゃないかな

POINT 相手の気持ちを推測して、感じ方の違いを伝える

　子ども同士のちょっとしたトラブルなどで、「どうやらうちの子が余計なことをしたらしい……」と察せられる場合、親として肩身も狭いですし、ビシビシとお説教をしたくもなりますよね。

　でも、子どもは自分と相手の境界線があいまいで、特に相手の気持ちを想像するのが苦手な子や、他人が「自分とは感じ方が違う」ことに気づきにくい子などは、相手の嫌がることを悪気なくやっている場合もあるでしょう。

　ですので、（本当のところは本人しかわかりませんが）親が相手の気持ちを想像（推測）して、「**そういうことは、○○ちゃん、イヤなんじゃないかな**」「**かあちゃんは嬉しいけど、○○君は、そういうの好きじゃないのかもしれないね**」など、その都度言葉にし、伝えてあげるといいでしょう。

　すると次第に、たとえその子にとっては嬉しいことであったとしても、「イヤだと思う人もいるんだな」「自分と感じ方が違う人もいるんだな」と、わかってくれることも増えてくるでしょう。

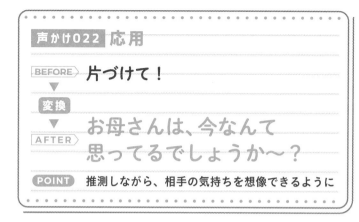

声かけ022 応用

BEFORE ▼ **片づけて！**

変換 ▼

AFTER お母さんは、今なんて
思ってるでしょうか〜？

POINT 推測しながら、相手の気持ちを想像できるように

　ある程度、気持ちを言葉で伝え合うことが定着してきたら、自分の気持ちを子どもに推測してもらうのも Good。

　特に「察すること」が苦手な子は、声かけしながら相手の気持ちを表情や態度から推測して想像する力をゆっくり育てていくといいでしょう。

　例えば、机の上が散らかっていて、とても宿題を広げられる状況ではない時など、わざと顔を机に近づけ、オーバー気味に困った表情をして**「お母さんは、今なんて思っているでしょうか〜？」**など、わかりやすくリードしてあげると、相手の気持ちを推測しやすくなります。

　察することが苦手な子も、この繰り返しで、だんだんと自然な態度で相手の気持ちを（ある程度は）想像できるようになってくると思いますよ。

お母さんは、今なんて思っているでしょうか〜？

安心させる

声かけ023 キホン

BEFORE ▼
そんなことすると、
〜しないからね！

変換

AFTER ▼
大丈夫だよ

POINT 脅し文句は、自分からの「助けて」です

　買い物中に時折聞こえてくる「そんなことするとおもちゃ買ってあげないからね！」「置いて帰るからね！」などの脅し文句は、子どもが余計に不安感を覚えるばかりでなく、私にはそのお母さんの「助けて」という心の叫びのようにも思えて、二重に胸が痛みます。

　こんな言葉が出る時は、ほかにいい方法を思いつけずに「お手上げ」状態で、どうしたらいいのか、親自身も内心途方に暮れていることが多いのではないでしょうか。

　しかも、親が余裕がない時ほど、子どもはひっくり返り、ダダをこねて、泣いて暴れますよね（私の経験上！）。

　こんな時はひとまず深呼吸して、何も根拠がなくてもいいので「**大丈夫だよ**」と、子どもと一緒に自分にも安心させる声かけを。

　お互いに落ち着くことができれば、別の伝え方だって柔軟に思いつきやすくなりますから……。

余裕がない時は生活全般の見直しを

　もし、頭では「良くない」とわかっているのに、つい子ども
の不安感を一層強めることをしてしまう……という状況が続い
ていたら、ご自身の生活全般をチェックしてみませんか？

　頻繁に子どもが泣いて暴れる時は、家での会話やスキンシッ
プをできるだけ増やして安心させるのが、解決への近道だと思
いますが、それにはまず、親のほうにも余裕を作る必要がある
でしょう。

> ☑ 十分な睡眠・食事は取れていますか？
> ☑ 少しでも息抜きや休息時間が確保できていますか？
> ☑ パートナーは、今のあなたの状況を知っていますか？
> ☑ 子ども以外に話し相手はいますか？
> ☑ 子育て以外のことに目を向ける時間はありますか？
> ☑ 自分の限度を超えた仕事や雑用を引き受けていませんか？
> ☑ 保育や託児をお願いできる場所はありますか？
> ☑ お子さんやきょうだい児の育児に困難さはありませんか？

　もし、できているとチェックした項目が少ない場合、「そん
な状況なら、余裕をなくすのは当たり前」だと思いますよ。

　親が脅し文句でしか子どもを従わせることができない場合、
治安の悪い国の路地裏で「手を上げろ！　大人しく言うことを
聞け！」と背中に銃口を突きつける行為と似て、背景には相当
追い込まれた心理状態があるのではないでしょうか。

　こんな時は、例えば、一時的にでも仕事の量を減らし、断れ
るものは断り、頼れるところは頼って、とにかく「物理的に」
生活を改善しないとしょうがないんです。

　自分がいっぱいいっぱいな時は、自分も子どもも責めずに、
物理的に改善できることに目を向ける必要があります。

子どもを安心させるには親の安定が「理想」

[子どもを安心させる声かけの例]

不安を聴く	どうしたの？／大丈夫？／何か気になること（心配なこと）ある？
待つ	ゆっくりでいいよ／待ってるからね
見守る	ここにいるよ／ここで見てるからね
同意する	それでいいよ／OK／いいんじゃない
心の安全基地になる	行ってらっしゃい／いつでもおいで／（親のひざの上をポンポン）空いてますよ／おかえり

　子どもが不安定な時期や、もともと体質的に不安感や衝動性が強い子などは特に、意識して上記のような「安心させる声かけ」をキモチ多めに接していくといいでしょう。

　全体的な不安感が少しずつ減ることで、パニック・かんしゃくなども軽減され、次第に落ち着きやすくなります。

　また、その子が落ち着けるモノや場所を事前に把握しておくと、不安な時はもちろん、災害時などにも役立ちます。

　例えばうちの子達は、大好きなぬいぐるみ、肌触りの良い毛布、愛犬の肉球、母のぷにぷにの二の腕、パパの加齢臭の染み込んだ枕などが「んー、落ち着くぅ〜」とのこと（笑）。

　そして、子どもに安心感を伝えるためにも、親は心身ともに余裕があって、いつも安定しているのが「理想」です。

　……でも、現実的にはなかなかそうもいきませんよね。まあ毎日いろいろあるんでね〜、私もムリです！（笑）

　それでも、**「私、今、疲れてるな」「イライラし始めたな」**と自分自身の感情やコンディションに意識を向けるクセをつけるといいでしょう。「大丈夫。そういう時はこうしたらいい」と頭の片隅で思い出すだけでも違ってきますから……。

心の準備をさせる

声かけ024 **キホン**

BEFORE **雨なんて降らないよ、**
大丈夫、大丈夫♪

変換

今日は、雨の確率は30%だけど、
AFTER **もし、降ってきたら**
置きガサ使えばいいからね

POINT 予測のつかないことは、あらかじめ可能性と対処法を

「安心させる」の発展型。人生経験がまだまだ少ない子どもは
先のことの見通しがつけにくいようです。

特に予測のつかないことに不安感の強い子や、「いつもと違
う」ことが苦手な子は、突然の雨など、予想外の出来事にパ
ニックになり、強いストレスを感じることもあります。

こんな場合は、楽観的に「大丈夫、大丈夫」と背中を押すよ
りも、あらかじめ「これから起こること／起こりうること」を
キッチリ説明して伝え、「もしその時は、こうすればいい」と、
具体的な対処法を教えて「心の準備」をさせたほうが、子ども
は安心でき、パニックなども回避しやすくなるでしょう。

ただし、親もすべての可能性を予測できませんから、**「予定
は変更されることもある」「予想通りにはいかないこともある」**
と、例外の可能性にも触れ、**「置きガサがない時は、先生にお
願いすれば貸してくれるよ」**などと、困った時には誰に助けを
求めたらいいかも教えておくと、親のほうも安心です。

生活のパターン化と予定表・行動表

「いつもと違う」ことが苦手な子には、毎日なるべくパターン化した規則正しい生活が送れるように工夫すると、心身を安定させやすくなります。

また、旅行や学校行事など「いつもと違う」ことは、事前によく説明した上で、その子に合わせた予定表・行動表を作ると不安感が和らぐでしょう。

［子どもを安心させる工夫の例］

生活の パターン化	● 登校時刻などをスマホのアラーム設定でお知らせ　● 洗濯機や炊飯ジャー、お風呂などの家電のタイマー設定を活用　● 家族が毎日同じ時刻に出勤する
予定表・行動表 を作る	● 家族旅行で、全日程のスケジュール、地図や宿泊施設の写真をプリントした「しおり」を用意　● 運動会のプログラムに準備の流れ、トイレチャンス、お昼の待ち合わせ場所などを書き込み

ベテラン小児科医の予防接種の法則

うちの子達が通う小児科の先生は、予防接種で子どもが「注射怖い！」と怯えると、あらかじめ手の甲をちょっとつまんで「**痛いだろうけど、多分これくらいかな？**」と体感させ、「**チクッとするよ**」と予告して、本番の注射は一瞬の早業です。

そして、「**よくがんばったね**」と、ごほうびにお菓子もくれるので、子ども達は（シブシブ）注射が大丈夫になりました。

挫折や喪失体験など、人生にはどうしても避けては通れない試練もありますが、心の準備とアフターケアがあれば、少しチクッとするだけで済むかもしれません。

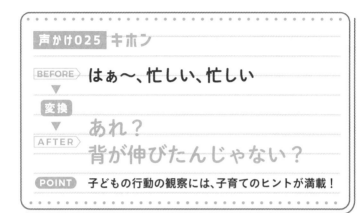

（Step27、p.99で詳述）

日々慌ただしく過ごしていると、子どもの成長に気づくヒマもなかったりしませんか。私も下の子が生まれて、上の子が泣き暴れていた頃は、大変過ぎて子どもの成長に気づく余裕が全くありませんでした。

でも、いくら反省しても、その時の子ども達には二度と会えないので、「今」をよく観てあげるしかないんですね。

そして、子どもをじっくり観察することで、子育てのヒントも沢山もらえます（うちは、まるでサル山のようですが）。

観察上手になるポイントは、行動に注目することです。「ケンカのきっかけは、こういう行動が多い」とか、「でも仲直りできる時は、こんな行動をしている」などなど。

そして、「**あれ？ 背が伸びたんじゃない？**」と、気づいた「いい情報」を子どもにその都度伝えると、たとえ毎日忙しくても「あなたのことをちゃんと見ているよ」というメッセージになります（Step27、p.99で詳述）。

声かけ026 応用

BEFORE
▼
え！？ マサカ、突然うちの子が……

変換
▼

最近元気ないね。
どうしたの？

AFTER

POINT 「フツーの時」に、観て、聴いて、触れておく

　子どものちょっとした変化を見逃さずにいれば、いじめやトラブル、心の病などのある程度の予防にもなります。そのためには日頃の「通常運転」の時の観察がモノをいいます。

　日頃から意識して、その子の「いつも」「普段」が、どんな様子なのかを把握しているからこそ**「なんだかいつもと違う」**と気づけます（Step91、p.292でも詳述）。

　「フツーの時」こそ、できる範囲で、沢山観て、聴いて、触れて、話しておくと、何かあってもすぐにピンと来ます。

子育ての法則

「モテる男はマメ」な法則

　恋愛上手と子育て上手は、どこか似ている気がします。おモテになる方は愛情の伝え方をよく研究しているんでしょうね。

　相手の小さな変化によく気がつき、その都度**「あれ？　今日は髪型違うね」**とマメに伝え、好みや興味、記念日もメモ。

　そんなに自分のことをよく観てくれていたら、大抵の人は嬉しいものではないでしょうか（ストーカーでなければ！）。

　子育ても同じ。マメにマメに、愛情を伝えるのがコツです。

Q 子どもが朝「学校行きたくない」と言い、なんだかいつもと様子が違う気がします。休ませてもいいんでしょうか

A 「親のカン」を頼りに総合判断し、休ませることも

子どもが「学校に行きたくない」という場合、ちょっとダルい、家でゲームやりたい、などのおサボりモードから、死にたくなるほど本当につらい状態まで段階があります。

ですから、一律に「何がなんでも行かせる」または「スグ休ませる」ではなく、ケースバイケースでの判断が必要です。

この時に役に立つのが「親のカン」です。「親のカン」は全く根拠のないものではなく、日頃の観察と経験則から導き出される「膨大なデータを基にした総合判断力」なのです。

その「親のカン」が、**「なんだかいつもと様子が違う気がする」**と直感的に感じたら、まずは休ませてOKでしょう。

自分の限界を超えても何も言わない子や、「大丈夫」と明るく笑う子もいるので、時には、こちらからストップをかけてあげる判断が必要な場合もあります。

それからどうするかは、子どもが家で安心して休め、「いつもの様子」に戻ってから、親子で一緒に考えればいいんです。

少し休めば回復できて、すんなりと登校できる場合もあれば、なかなか回復できずに、しばらく休みが続いてしまう場合もあるでしょうが、ここは焦らずに待つしかありません。

最低限身の安全が確保され、子どもが心身ともにある程度健康な状態でなければ、今の学校に通い続けたいのか、それとも別の選択肢を探したいのか、本人の本当の気持ちがわからず、今後に対する適切な判断が難しいのです。

でも、日頃から子どもの様子をよく観て、聴いて、触れて、話し合って、安心できる場所があれば、きっと大丈夫です。

意思の確認をする

声かけ027 キホン

BEFORE こうしなさい！

▼
変換
▼

AFTER こうしたいんだけど、
それでもいい？

POINT 「子どものため」と思っても、強制はしない

　子どもとの愛着関係がしっかりしてくると、親子の間に「一体感」が感じられることでしょう。

　これは子育てを続ける上で大切な原動力ですが、行き過ぎると子どもが自分の延長のように思え、いわゆる「過保護・過干渉」となり、なんでも親が管理・強制して、意思や行動をコントロールしたくなることもあるようです（私も経験済み！）。

　ですので、愛着関係を大事にしつつ、子どもの意思も尊重して、親自身にもほどよくブレーキをかける練習が必要です。「子どものため」「良かれ」と思うと、親は次々といろんなことをやらせたくなってきますよね。

　そんな時は、「**こうしたいんだけど、それでもいい？**」と、十分な説明をした上で意思の確認をし、本人が納得し、了解してから話を進めるといいでしょう。

　どんなに素晴らしいことも、本人が乗り気でなければ積極的に動いたり続けたりが難しいので、まずは意思の確認です。

子育ては「成長の綱引き」をしながら自立に向かう

　子どもを甘やかせば「過保護」と責められ、ほったらかせば「ちゃんと見てろ」と責められ、「じゃあ、一体どうしたらいいの!?」と悩まれている方もいるかもしれませんね。

「過保護・過干渉」か「放置・無関心」のどちらか極端な方向に行き過ぎずに、その間の「適保護・適干渉」から「放任・有関心」の範囲で親子で綱引きして、悩みながらも行ったり来たりを繰り返すことが、子どもの成長にとって、ちょうどいい親の関わり方だと私は思っています。

　どちらかに「引っ張り過ぎたな」と思ったら、手綱を緩めたり、しっかり握り直して、力加減を調節すればOK。

　子どもは「甘えたい」不安感と、「自分でできる！」好奇心の間で揺れているので、甘えたい時には甘えさせ、挑戦したい時には離れて見守っていれば、自立に向かって自分の足で一歩ずつ、成長を進めることができます。

　ただし、もともと不安感が強い子や好奇心が強い子は、そっちのほうに引っ張られがちなので、日頃から親のバランス感覚を磨いておくことも必要でしょう（CHAPTER 5・EPILOGUEも参考に）。

BEFORE あ、部屋、片づけといたよ

変換

AFTER お母さんが片づけちゃうけど、いいね？

POINT 強制せざるを得ない場合も、一言あるだけで違う

　成長に伴って、大抵子どもにはだんだんと自分のテリトリーの意識が出てきますよね（無頓着な子もいますが）。

　特に思春期は、自分の部屋に勝手に入られるのを嫌がったり、学校に行っている間に親切に部屋を片づけてあげたのに、烈火の如く怒り出したり……ウン十年前の我が身を思い返せば、身に覚えがあるという方も多いでしょう。

　そうはいっても、子ども部屋があまりにひどい惨状で、「このままでは黒光りの物体・Gが発生する……！」と、危機感を覚え、強制執行もやむを得ない状況だってあるでしょう。

　そんな時は、警察が家宅捜索の際に裁判所の令状を読み上げてから踏み込むのと同じく、「**片づけちゃうけど、いいね？**」と、事前予告を一言入れてから、執行するほうがベターです（それがイヤなら自分で重い腰をあげるでしょう）。

　片づけに限らず、子どもにある程度、強制せざるを得ない状況でも、「**こうするけど、いいね？**」といった事前予告の一言があるだけで、子どもが受け取る理不尽さや抵抗感も、事後報告の時と比べかなり違ってきます。

選択肢から選ばせる

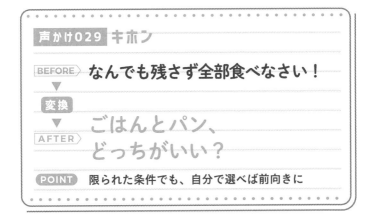

声かけ029 **キホン**

BEFORE なんでも残さず全部食べなさい！

▼

変換

▼

AFTER ごはんとパン、
どっちがいい？

POINT 限られた条件でも、自分で選べば前向きに

　子どもの意思を尊重するための次のStepは「選択肢から選ばせる」です。

　例えば、子どものためを思って偏食を直そうと「なんでも」「全部」食べるように強制してしまうと、プレッシャーを感じて余計に頑なになってしまうかもしれません。

　もちろん、食べ物を粗末にしないことは大切な価値観ですが、食事自体が苦行になっては元も子もありません。「食事＝楽しい時間」になれば、毎日の幸福度もUPです。

　こんな時は、できる範囲でいいので「選択肢から選ばせる」のがオススメ。現実的に可能な選択肢をいくつか提案して選ばせれば、食に自分の意思が反映されて嬉しいもの。

　また、選択肢がない時は、盛りつけの際に「**ごはん、どれぐらいにする？**」などと、その子の適量に調節するだけでもOK。

　食事に限らず、なんでも自分で選んだことなら、子どもも大人も、けっこう前向きになれるでしょう。

偏食を和らげるための工夫

そうは言っても、子どもの偏食は親として心配になりますし、学校給食もハードルが上がりますよね。

とりあえず、3食食べて活動と成長に必要なエネルギーを摂れていればOKとして、あんまり思い詰めないように……。

味覚や触覚（食感）、嗅覚などの過敏性に原因がある偏食は、成長とともに自然と緩和されることもあるようです。

ただ、日々の生活の中で少しでも改善したい場合は、味やニオイ・見た目に気長に慣れ、その食材は安全だと安心できることが大事です。例えば、うちではこんな工夫で「大丈夫」になったものが徐々に増えていきました。

- 大皿に盛って、苦手なモノは避けて取ってもOK
- 子どもと簡単な料理を一緒に作って、食材に慣れる
- 外食はフードコートやバイキングなど、選択しやすいお店に
- 鍋やホットプレートで、家族で楽しい雰囲気で食べる

 子 育 て の 法 則

自分にブレーキをかける PTA の法則

「強制」という言葉で、私が真っ先に思い出すのがPTA！

非効率的な無償労働などもありますが、一番の問題は入学と同時に勝手に強制入会させられ、「全員必ず1回は役員をやる」ルールとか、くじ引きで役員に選ばれたら「どんな事情があれど、何がなんでも絶対参加」、などと選択の余地がないことでしょう（少しずつ、変わりつつあると信じています）。

いくら「子どものため」でも、ムリヤリやらされてる感があれば、多くのお母さん達が気が進まないのは当然です。

ですから私は、自分への戒めとして、我が子に何かを強制したくなったら、PTAのことを一瞬思い出しています（笑）。

声かけ030 応用

BEFORE
▼
もう、ハッキリしなさい！

変換
▼
AFTER
1. 行ける　2. 午前中で早退
3. 今日は休む　どれにしようか？

POINT　折衷案・妥協案を交えた選択肢を提案する

　子どもの意思を尊重したくとも、言葉の表現力が追いつかずに、自分の考えを上手に伝えられない子もいるでしょう。

　また、気が優しく自己主張が苦手なタイプは、いろんな人を気遣うあまり、なかなか態度がハッキリしないことも。

　こんな子には、最初はこちらでいくつか選択肢を用意してあげると、意思表示しやすくなります。

　ポイントは「0か100か」「All or nothing」の絶対的な2択にせず、選んだ結果には親も後でとやかく言わないことです。

　例えば、朝、子どもの身支度がなかなか進まず、かと言って「学校に行きたくない」と、泣いて暴れるワケでもなく……態度がなんだかハッキリしないというような場面（うちでも時々あります）。

　こんな時は「行くか、行かないか」の2択ではなく、現実的に親が対応可能な範囲で「折衷案」や「妥協案」を交えて提案し、複数の選択肢から子ども自身が選べるとベターです。

　もちろん、この中から絶対に選ばなきゃダメではなく、子どもに考えるきっかけを与えることで、「ちょっとお腹が痛いけど、体育を見学できれば大丈夫」など、自分なりの答えを導き出しやすくなります。

意見を取り入れる

声かけ031 キホン

BEFORE ▷ **文句言わないの！**

▼
変換
▼

AFTER ▷ **今週の日曜日、どこに行きたい？**

POINT 意見を聞きながら、相談し、話し合う

「意思の確認をする」「選択肢から選ばせる」の最後のStepは「意見を取り入れる」……つまり、親子で何かを決める時に話し合うことです。最初はほんの小さなことからでOK。
「どこに行きたい？」「何食べたい？」 など、まずは子どもの自由な意見を聞いてみるといいでしょう。

すると「ハワイ！」「回らないおスシ♪」なんて、あんまり現実的ではない意見が出たりして、「なんでも子どもの希望通りにはできません！」ということもあるでしょうが、でも、それでいいんです。

そこで、**「じゃあ、これならどう？」** と、代替案を出し、子どもも **「じゃあ、こっちは？」** と次の希望を出す……。その繰り返しで、最終的には **「じゃあ、スーパー銭湯に行こうか」** **「パックのお持ち帰り寿司でも買ってこようか」** と、ほどほどのところに落ちつくまで、話し合うことが大事なのです。

ある程度でも自分の意見が反映されると、次第に家族の一員としての自覚が出て、家庭運営にも協力的になれるでしょう。

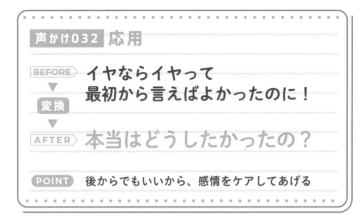

声かけ032 応用

BEFORE ▼
イヤならイヤって
最初から言えばよかったのに！

変換

AFTER 本当はどうしたかったの？

POINT 後からでもいいから、感情をケアしてあげる

　子どもの意思を尊重したくとも、引っ込み思案で控えめな子は、何かを決める時には何も言わず、「（反対意見がないから）これでいいよね」と決まった後で、グズグズしたり、ブツブツ言ったりで、積極的に動けないこともあるでしょう。

　こういうタイプは意外と扱いが難しい面がありますよね。

　例えば、家族でイベントに行くと決めて出かけたのに、着いた途端に「疲れた」だの、屋台の食事が「美味しくない」だのと、不満ばかり言われると「イヤならイヤって最初から言えばよかったのに！」なんて、怒りたくもなるというもの。

　こんな子は、「空気を読み過ぎてしまう」ために、自分の気持ちを抑えがちで、不満感を抱きやすいところがあります。

　みんなのためにガマンしてくれる子がいるからこそ、家族やその集団が回っているところもありますが、いつも自分を抑えてばかりだと、後々大きなトラブルや心身の不調につながる可能性だってあります（うちの次男のように）。

　そんな子には、後からでも**「本当はどうしたかったの？」**と丁寧に聴き、**「みんなのためにガマンしてくれてありがとう」**と気持ちを汲みつつ、**「来週は、○次郎の行きたいところにしよう」**など、感情をケアしてあげるのがいいでしょう。

Q うちの子は発達障害の診断がありますが、比較的軽度のため、小学校では支援級か、通常級かで悩んでいます

A 実際に本人と一緒に見学して確かめ、意思を尊重する

発達障害の診断があるお子さんは、お子さんの様子や環境、ご家庭の方針によって、支援級（特別支援学級）を検討する価値はあるでしょう。

現在（2020年5月）、支援級の定員は8名までで、少人数の環境の中、手厚いサポートが期待でき、「人が少なければ落ち着ける」「自分のペースで学べばできる」子はいます。

ですが、これはあくまで一般論。お子さんが通う学校の「その支援級」については、直接確かめなくてはわかりません。

率直に言うと、支援級は学校や自治体・地域によって、随分と状況や雰囲気が違います。環境次第で、十分な支援体制や人材の確保が追いつかない場合や、個別の理解度に合わせた学習や、手厚い指導を行うことが難しい場合もあるようです。

ですので、入学前でも入学後でも、支援級を考え始めたら、まずはお子さんと一緒に見学・体験させてもらい、十分な説明を受けた上で、よく検討するのがいいでしょう。

そして、子どもにわかりやすい言葉で、支援級・通常級のメリット・デメリットの両方を伝えた上で、本人の意思をできる限り尊重できるように、十分話し合うことが大事です。自分で納得できれば、その後も適応しやすくなります。

また、通常級に在籍しながら、通級指導教室や加配教員の配置などでサポートを受けたり、支援級に在籍しながら、通常級でも授業を受ける交流級の活用などで、徐々に慣れてから通常級に転籍するなど、「支援級か、通常級か」の2択で思い詰めず、柔軟に選択できればベストではないでしょうか。

子どもに謝る

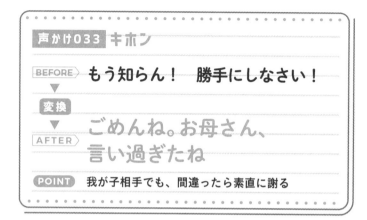

声かけ033 キホン

BEFORE もう知らん！　勝手にしなさい！
▼
変換
▼
AFTER ごめんね。お母さん、言い過ぎたね

POINT 我が子相手でも、間違ったら素直に謝る

　何度も言いますが、親だって人間です。感情のブレーキが間に合わずに少々言葉が暴走して、つい言い過ぎたり、突き放した態度を取ってしまい、せっかく積み重ねてきた親子の愛着や信頼関係を一瞬で崩してしまうこともありますよね。

　そんな時は、後からでもいいので、子どもに素直に謝ることができれば「上出来」としませんか。

　謝ればいいってモノでもないかもしれませんが、少なくともそのままにしておくよりは、ずっとマシです。

「ごめんね、言い過ぎたね」「もう少し言い方があったよね」「カンチガイだった、すまん」……。

親だって間違いや失敗は当然あるのだから、自分の非を認めて軌道修正すればOK。それに、我が子に謝る練習をすると、人にも頭を下げやすくなります。子育てをする上で、不要なプライドは何のトクにもなりません。

　さらに子どもも、友達とケンカした時、「謝るお手本」を身近に見ていると、素直に仲直りできると思いますよ。

仲直りのゴキゲン取りの工夫

　そうは言っても、親だって素直に謝れないことや、子どもだって謝られてもスッキリしないことはあるでしょう。

　そんな時は、ほとぼりが冷めてからでいいので、さり気な〜くゴキゲン取りして、スルッと仲直りしておくのがいいでしょう（夫婦ゲンカの後にも、応用すれば使えます）。

ゴキゲン取りの工夫の例

- 黙って頭をポンとする／さり気なく隣に座る
- 親の膝の上を空席にして解放しておく
- おやつに好きなものを用意／夕食のおかずに好物を追加
- 同じことを一緒にする（テレビやマンガでも OK）
- 子どものあそびの中に「何してンの」とさらっと入る
- 目の前で面白そうなことを始めて誘惑する（新しいモノ、見慣れないモノ、キレイなモノなどをチラ見せ）
- 困った時に、ヒーローのようにサッと現れ、サッと助ける

　コツは、ちょっとしたタッチを増やしつつ、子どもがつい笑顔になってしまう行動を取ること。

　子どもが笑ったら、仲直りできたサインです。

Q 今まで子どもに怒ってばかりで、上手に愛情を伝えられておらず、後悔しています……

A 親子関係の修復に「遅過ぎる」はありません

安心ください、私もそうですから（笑）。でも、最初から自転車に上手に乗れる子がいないように、子どもを産んだその日から、一度も転ぶことなく、バランスよく、迷わずまっすぐ子育てできる人なんて、まれだと思いますよ。

時には転び、道を間違い、迷子になりながらも、今までなんとかやってきただけでも、自分をほめてあげませんか。

ただ、時間が経ってからも、親子で転んだ時の古傷が痛んだり、道に迷った時の不安な経験が、その後の親子関係をギクシャクさせたりしてしまうこともあるかもしれませんね。

でも、親子関係の修復に「遅過ぎる」は、ありません。

いくつになっても、何年かかっても構いません。子どもはちゃんと待っていてくれます。

ちょっと思い出話を……。私は小学生の頃、突然不登校になったことがありますが、その時に私の母が「ごめんね、お母さんが悪かったよ」と謝ってくれたことがありました。母は仕事で多忙のため、親子の十分な関わり時間が取れない上、当時はよくいるタイプの教育ママで、私に多くを期待し過ぎていたのを、それを機に思い直してくれたようです。

それを結婚前のパパに話したところ、「小さな子に親が謝るのは、すごく勇気のいることだと思う。キミのお母さんはすごいね」と言ってくれました。

そしてその思い出は、母亡き後も、私の心を支えています。

誰もが完璧な親にはなり切れないし、時には間違いもするけれど、気づいた時に謝って、また、やり直せばいいんです。

過去を埋め合わせる

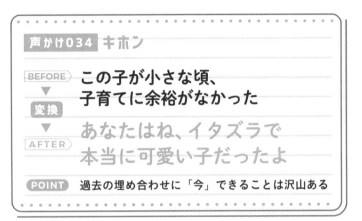

声かけ034 キホン

BEFORE
▼
この子が小さな頃、
子育てに余裕がなかった

変換
▼

AFTER
あなたはね、イタズラで
本当に可愛い子だったよ

POINT　過去の埋め合わせに「今」できることは沢山ある

　人は過去に戻れませんが、過去の受け止め方は変えることができます。

　例えば、その子に合った接し方を知らずに、毎日子どもを怒り過ぎてしまったり、ほかのきょうだいや自分のことで手一杯で寂しい思いや悲しい思いをさせてしまったり……、などといったことを今になって後悔することも、あるかもしれません（私もです）。

　でも、大丈夫。「今」できることは沢山あります。

　子ども自身が覚えている・いないにかかわらず、余裕がなかった頃には十分伝えられなかった愛情を、後からでも折に触れて、愛おしい思い出として伝えることはできます。

　親の愛情の量とその表現力は、必ずしも比例しません。子どもへの愛情を、その子にわかりやすい表現で伝えられるかで、子どもが親の愛情を感じながら育つかが違ってきます。

　でも、たとえうまくできなかった時期があっても、今沢山愛情を伝えてあげることで、過去は埋め合わせできます。

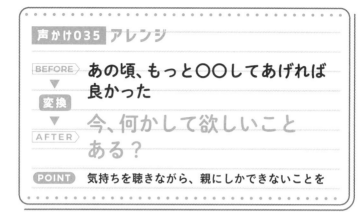

声かけ035 アレンジ

BEFORE ▼ あの頃、もっと〇〇してあげれば良かった

変換 ▼

AFTER 今、何かして欲しいことある？

POINT 気持ちを聴きながら、親にしかできないことを

「もっと〇〇してあげれば良かった」という、子育てにまつわる後悔は次々と湧いてくるものではないでしょうか。

「小さな頃から絶対音感や英語力をつけておくべきだった」「毎晩読み聞かせをすれば良かった」……なんて思う方もいるかもしれませんが、親が後悔することのうち、その子の成長に本当に必要だったことは、そんなに多くはないでしょう。

その子の本心からの願いは本人でなければわからないので、親は丁寧に子どもの気持ちや希望を聴きながら、今できることをできる範囲でしてあげればいいんです。

親だけでは、子どもの望むすべてを叶えてあげることはできませんが、親にしかできないことも沢山あります。

もし、子どもに「抱っこ」と言われたら、たとえその子が、もう両手で抱き上げられないほど大きくなっていても、ソファに座りながら、子どもの気が済むまで、親の膝の上に乗せてあげればいいんじゃないでしょうか。

本当にその子が欲しかったものは、後からでも、気づいた時にあふれるまで与えてあげる。そうすることで、子どもの心の中にできていた小さな穴を修復し、今後の成長の安定にもつながっていくでしょう。

感謝を伝える

声かけ036 キホン

BEFORE やって当然、できて当たり前
▼
変換
▼
AFTER ありがとう

POINT 「ありがとう」の種を見つけて、言葉にする

　少しのことでも **「ありがとう」** と、言葉にして伝えるクセを
つけると、決して大ゲサではなく、人生が変わります。

　日常の中に「ありがとう」の種は沢山落ちているもの。

　毎日忙しいと気づきにくいものですが、少しだけ立ち止まっ
て、よ〜く目を凝らすと見つけやすいでしょう。

　この「ありがとう」の種を探そうとすること自体が、心のク
セを上向きに軌道修正する、大事な過程でもあります。

　特に、毎日の習慣や、ほんのちょっとのガマンなど、一見
「やって当然、できて当たり前」と信じていることの中に、「あ
りがとう」の種はいっぱい詰まっています。でも、それに気づ
いて言葉にしないと、そこから芽は出てこないんです。

　そして、少しのことでも「ありがとう」を口グセのように伝
え続けていると、だんだん、子どもも、夫（妻）も、「ありが
とう」を素直に言葉にできるようになるでしょう。

　最初は少々照れくさいかもしれませんが、まあ、だまされた
つもりでやってみませんか？

「ありがとう」の種探しのポイント

　例えば、次のような、日常の子育ての中で「できて当然、やって当たり前」と思いがちなところを重点的に探してみると、「ありがとう」の種が落ちているかもしれません。

□子どもが少しだけでも、苦手なことをガマンし協力できた
例：待つのが苦手な子が列に並べた／座るのが苦手な子が食
　　事の時に席につけた／活発な子が外出中手をつなげた、
　　など

□子どもが少しだけでも、妥協や譲歩することができた
例：ほかの家族に見たいテレビ番組をゆずれた／予定を変え
　　たが一緒に行動できた／「ごめんなさい」が言えた、など

□子どもが少しだけでも、家族や他人を思いやる行動ができた
例：ちょっと家事を手伝ってくれた／トイレのエラーを自分
　　で拭いてくれた／家族の気持ちや体調を気遣えた、など

□子どもが少しだけでも、家族のできないことや失敗を許せた
例：きょうだいの支度を待ってくれた／相手が謝ったら許す
　　ことができた／一緒に後始末をしてくれた、など

□本当にささいな、小さなことへの瞬間的な協力
例：おしょうゆ取ってくれた／荷物を持ってくれた／ドアを
　　開けてくれた・閉めてくれた／ゴミをゴミ箱に入れてく
　　れた／使ったモノを元の位置に戻せた／食べ終わった食
　　器を下げてくれた／家族のために少し座る位置をずらし
　　てくれた、など

　つまり、子どもがほんの少しでも家族に協力的なことを、言葉や態度で表現できたら「ありがとう」の出番。
　子どもに「ありがとう」がさらっと言えるようになってきたら、「夫（妻）が少しだけでも……」に変換して、挑戦してみるといいでしょう。
　「ありがとう」探しが上達すると、人生が豊かになります。

BEFORE **いつもすみません**

変換

AFTER いつもありがとうございます

POINT 手のかかる子ほど、周りの人に感謝を伝えておく

少々手のかかる子の子育てをしていると、どうしても親は周りに謝ってばかりで、肩身の狭い思いをしがちなのではないでしょうか（私の経験上！）。

それでも「ありがとうございます」が「すみません」よりも「キモチ多め」になるように意識するといいでしょう。

学校の先生や近所の人、ママ友、通学路の交通指導員さん、よく行く地元のお店の人などには、日頃から**「いつもありがとうございます」「先日はありがとうございました」**など、折に触れて、できるだけ感謝の言葉を伝えられると Good ！

担任の先生の場合は、連絡帳を書く時に**「いつもお世話になっております」**と、定型のあいさつ文にするのもテ。

親が感謝を伝え続けていると、次第に周りの空気が「問題児の〇〇君」ではなく、温かい目線で大らかに見守っていただけるように変わってくると思いますよ。

そして子どもも、親の姿をお手本にして、自分でも自然に「ありがとう」が言えるようになると、多少人よりも欠点や失敗が多かったとしても、周りの人の理解や協力も得やすくなるので、結構なんとかなるものです。

CHAPTER

自信をつける声かけ

親子の愛着・信頼関係がしっかりしてきたら、次の
ステップは「自信をつける」です。

それには、もちろん、ほめることも有効ですが、
もっと大事なのは、親が子どもを肯定的に見て、そ
の子なりの成長やがんばりに気づき、できていると
ころにフォーカスして、いい情報を沢山フィード
バックしてあげること。

そのためには、こちらがそれまでの常識や価値観に
とらわれず、親の目線を下げてゆく必要があります。
そして、その子を「できる子」として扱ってあげる
と、やる気が出て、次第に表情が変わってくると思
いますよ。

ほめラインを下げる

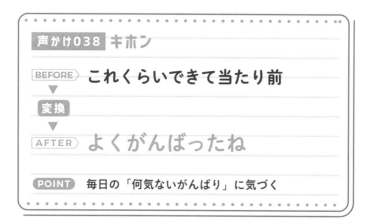

声かけ038 **キホン**

BEFORE ▼ これくらいできて当たり前

変換 ▼

AFTER よくがんばったね

POINT 毎日の「何気ないがんばり」に気づく

　最初は「無事に生まれてくれてありがとう」だったのに、いつの間にか「コレができたら、アレも。アレができたら、ソレも」と、つい欲張ってしまうのが親なのでしょうね。

　加えて、何ごとも子どもがある程度できるようになると、いつの間にか「これくらいできて当たり前」と感じられて、毎日の何気ないがんばりが見えにくくなりがち。

　でも、もしもパパが「帰ったら夕飯できてるのが当たり前」なんて態度だったとしたら、「作ってやるだけでも、ありがたいと思え！」って思うでしょ？（笑）

　子どもだって、きっとそうです。学校に行ったり、宿題をやったり……こんな、一見「やって当然・できて当たり前」に思える、何気ないがんばりや見えない努力に親が気づいて、「**よくがんばったね**」と認めるだけでも、随分違います。

　すでに毎日の生活のベースになっているがんばりは見落とされがちですが、誰かがそれに気づいてくれるだけで、少しは報われた気になるのは、親も子も同じではないでしょうか。

子どもの個性とほめラインの関係

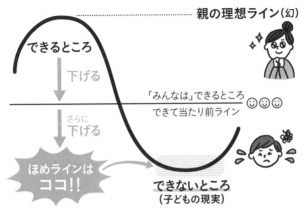

どんな子にも、得意なことと苦手なことがあります。「スポーツ万能だけど、勉強は苦手」「算数は得意でも、国語は苦手」とか……。

そして、得意と苦手の差が開けば開くほど、子どものストライクゾーンは狭くなるもの。「みんなと同じように」や「まんべんなくできること」が求められがちな環境では特に、クリーンヒットが少なく、なかなか結果が出にくいようです。

それでも、親や先生がその子の得意な部分を基準に「算数ができるんだから国語もできるはず」とか、「みんな」や「平均的」を基準に「〇年生なら、これくらいできるよね」と見ると、どうしてもできない部分のほうが気になってしまいます。

なかには、苦手な部分はものすごくがんばっていることを周りに気づかれずに、自信をなくしている子もいるでしょう。

そこで、得意なことを基準に、さらに高い理想を望みがちな親の「ほめライン」を、断腸の思いでグーッと下げ、子どもの「できないところ」「苦手なところ」に合わせて、そこを基準に見てあげると、いい情報に沢山気づくことができます。

Q 発達障害傾向があり、学校ではできないことばかりが目立ってしまうようです。先生にも理解して欲しいのですが……

A 日頃から「感謝」と「プラスの情報」を伝える作戦を！

平均的な発達の子が基準になっている集団教育の中では、得手・不得手の差が大きな発達障害傾向のある子は、できないことばかりが目立ってしんどいこともあるでしょう。

私のオススメ作戦は、先生に日頃からできるだけ「感謝」と「いい情報」を伝えること！

教室で何らかの配慮が必要な場合、お子さんの特徴を伝えてゆく必要はありますが、「あれもこれも苦手なので、できません」と、できないことばかり伝えると「自分では対応できないかもしれない」と先生が不安に思ったり、「できない子」「問題児」というフィルターで見てしまったりする可能性もあります。

そこで例えば、算数では**「繰り上がりまではできますが、筆算が難しいようです」**と「ここまではできる」こと。学習発表会では、**「最後までステージに立てただけでもがんばれたと思います」**など、その子なりのがんばり。面談などで**「家では、ペットのお世話をしてくれます」**と、具体的な長所など。こうしていい情報も一緒に同じだけ伝えていくと、先生もその子なりのがんばりに気づきやすくなってくれます。

そして、**「いつもお世話になっております」「ご配慮ありがとうございます」「おかげさまで筆算ができるようになりました」「先生に習字をほめられて嬉しかったようです」**と、感謝の言葉や、子どものいい情報（小さな進歩・いい変化や反応・前向きな気持ちなど）も伝えていくと印象が変わります。

すると、だんだんとお子さんへの先生の目線が下がって温かくなり、次第に理解を得やすくなると思いますよ。

できてるところを見る

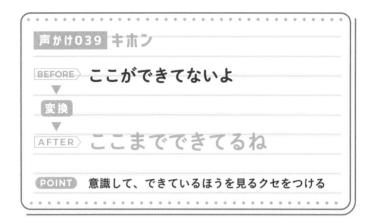

声かけ039 キホン

BEFORE ここができてないよ

変換

AFTER ここまでできてるね

POINT 意識して、できているほうを見るクセをつける

　子どものテストや宿題を見れば、ついつい×のところに目が行くし、友だち関係や学校や公共の場などで「ちゃんとさせなくては」と思うほど、気になることも増えますよね。

　実は、欠点や足りない部分にまず目がいくのは、人の心理として自然なことなんだとか。

　だから、本能に逆らってでも（笑）、できてるほうを見るクセを意識してつけないと、親のダメ出しは増えがちに……。

　一方で子どもは、なかなかダメ出しを素直に受け取れないこともあり、特に自信や意欲をなくしている時やもともと完璧主義の傾向がある子は、否定されることに過敏にもなるでしょう。

　だから、テストや宿題では、×よりも○のほう、間違っている部分よりも、少しでもできたところを見て、まずは「ここまで、できてるね」「ここがキレイ！」と気づいて、伝えてあげるのがいいでしょう。

　だんだんダメ出しに慣れていく強さも必要ですが、まあそんなのは充分に自信がついてからでOKです！

子どものできてるところリストを作る

　CHAPTER 0のStep03（p.30）で「自分のできているところリスト」を作りましたが、ここではいよいよ「子どものできてるところ」を書き出してみます。

　長所や得意なこと、特に優れた部分などはもちろん、一見「できて当たり前」と思える毎日のことや不得意なことの中にも、その子なりの努力やがんばりが隠れています。

　子どもの「できてるところ」「いいところ」「素敵なところ」を書き出す（できれば全部で100コくらい！）

　かなり苦しい方は、例えばこんな「自分の中の常識」に問い直しつつ、日々のお子さんの様子を思い出しながら、再考してみるのはいかがでしょう。

> Q.「これって本当に、やって当然？　できて当たり前？」
> 例：毎日登園・登校している（あるいは、時々休んでも…）
> 　　宿題をなんとかこなしている
> Q.「これって本当に、子どもの短所・欠点？」
> 例：落ち着きがないが、「好奇心旺盛」とも言える
> 　　ワガママだけど、「意思が強い」という長所でもある
> Q.「これって本当は、子どもは相当がんばってるのでは？」
> 例：運動会が大キライな子が、なんとか最後まで参加できた
> 　　偏食家の子が、給食の苦手メニューの日でも登校できた
> Q.「これって本当は、すごく素敵なことと違う？」
> 例：好きなことには何時間でも集中できる
> 　　ほんの少しの味の違いを、敏感に感じ取ることができる

　こちらの見方を少し変えてみるだけで、その子なりに日々がんばっていること、長所やいいところ、キラキラと素敵に見えてくる部分だって、結構見つかるものでしょう。

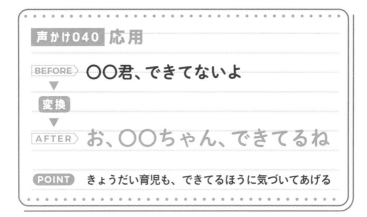

声かけ040 応用

BEFORE ▷ 〇〇君、できてないよ

▼

変換

AFTER ▷ お、〇〇ちゃん、できてるね

POINT きょうだい育児も、できてるほうに気づいてあげる

「できてるところを見る」技は、きょうだい育児や、集団教育の場面でも応用できます。

親や先生は、つい、少々手がかかる子や、目立つ行動をとる子の、できないことのほうに目がいきがちですが、その間に地道にがんばって、真面目にコツコツ努力している子の、できてることにも気づいてあげられるとGood。

大人だって「マジメにやってるほうがソン」だと、不満がたまりますよね。

なるべくできてない子にダメ出しするより、「〇〇ちゃん、できてるね」「がんばってるね」と、できてる子のほうに声かけすれば、目立つ行動をとらなくても、ちゃんと大人に気づいてもらえることが伝わります（ただしこの時、できてない子を引き合いに出さないこと）。

ついハメを外しがちな子も、「お手本」に気づけば軌道修正できることもありますし、実は慣れればこちらのほうが、子ども同士である程度学び合ってくれるので、意外とラクなのかもしれません。

ほどほどのところでヨシとする

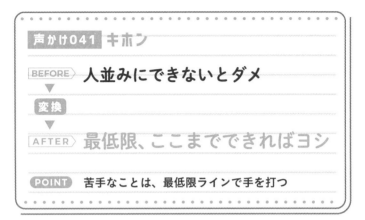

声かけ041 キホン

BEFORE 人並みにできないとダメ
▼
変換
▼
AFTER 最低限、ここまでできればヨシ

POINT 苦手なことは、最低限ラインで手を打つ

　周りのお子さんを見ると「うちの子は努力やガマンが足りない」などと感じられることもあるでしょう。

　でも、その子が生まれつき苦手な部分は、昭和のスポ根マンガみたいな「努力・忍耐・ド根性」では乗り越えられないこともあります。

　ただし、「苦手なことの克服は一切しなくていい」とまでは、私も思いません。やっぱり、苦手なことも少しはできないと、得意なことにすら実力を発揮できなかったり、その子の中での得手・不得手の差がさらに開いて余計に負担感が増して、結果的に自信や意欲を失ったり、「わかってもらえない」イライラが募ったりするように思います。

　ここで大事なのは「どこで手を打つか」です。

　苦手なことは「人並みに（あるいは、人並み以上に……）」を合格ラインにせず、生きていく上で大きな支障がない程度の「最低限ライン」がギリギリできる程度で「**まあ、ヨシ**」と、ほどほどに妥協しておくといいでしょう。

ごほうび設定とポイントシステム

　もし、苦手なことを少しでもがんばれたら「ごほうび」を設定したり、ポイントを与えて、好きなモノやお小遣いと交換できるシステムにしたりするのも一つのテです。

　最初はごほうび目当てでいいので、苦手なことに挑戦する機会を作り、その努力を「見えるカタチ」にすると Good！

　何度も挑戦しているうちにある程度できるようになったり、多少慣れてくれば、次第に負担感・抵抗感も軽くなったりします。自信がついてきたら、そのうち、ごほうびナシでも大丈夫になると思いますよ。

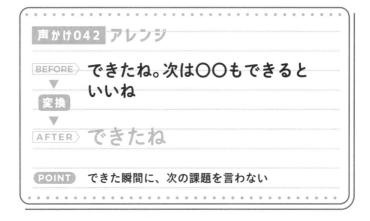

声かけ042 **アレンジ**

BEFORE **できたね。次は〇〇もできるといいね**

変換

AFTER **できたね**

POINT **できた瞬間に、次の課題を言わない**

　ことわざに「這えば立て 立てば歩めの親心」とありますが、子どもの成長を先へ先へと期待してしまうのは、昔から親の習性なのかもしれません（笑）。

　でも、ようやく「やったー！」とひとつできるようになった瞬間に次の課題を言われたら、子どもだって、せっかくの達成感が台無しです。ここはグッと堪えて、余計な一言をつけ足さないようにするのが賢明です。

次々気になる！コンシーラーの法則

　ではここで、人はひとつできないことが気になると、次々とほかのことも気になってしまう……という身近な実例を。

　私は普段、化粧をしていませんが、学校の入学式など「ここぞ」という時だけ、戸棚の奥から化粧品を発掘し、「今日は上品な感じのナチュラルメイクで、デキルママ風に！」と、いざ鏡を前に不慣れなお化粧を始めると……。

「あ、目の下にクマが」と目について、「ここだけ直そう」とコンシーラーをトントン。すると次は「あ、いつの間にかここにシミが……」と気がつき、ここも修正。その調子で、「ここも」「ここも」と、修正に修正を重ねると、最後は結局「エエイ！　もう、全部塗っちゃえー！！」に（笑）。

　その結果、別人のような厚化粧のワタシの出来上がり。

　せいぜい、最初のトントンの微修正だけなら、社会人のマナー・常識の範囲で済むのに、1コ気になれば、さらにもう1コ、ついつい気になってしまうんですよね。

　でも、誰だって、もともとのお顔立ちの個性的な特徴や、年齢を重ねてきた自然な味わい深さなど、その人だけの素敵な魅力が、きっとあるはずです。

　子育ても同じ。時には、子どもが短所や欠点に向き合うために、親の励ましやダメ出しも必要ですが、別人になるまで軌道修正して、その子のもともとある素敵な個性を、すべて塗り替えなくたっていいんです。

いい情報をフィードバック

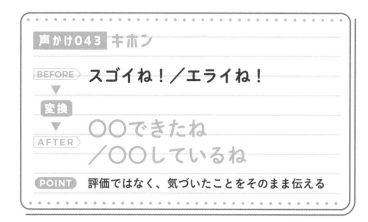

声かけ043 キホン

BEFORE スゴイね！／エライね！

変換

AFTER ○○できたね
／○○しているね

POINT 評価ではなく、気づいたことをそのまま伝える

　ほめ言葉で思いつくのが「スゴイね！／エライね！」だけだと、スグにネタ切れ、弾切れになっちゃうんですよね。

　それに、小さなうちはそれで良くても、子どもが成長するほど、上から目線での評価は「ウザい」なんて思われがち。

　それより、もっと簡単なのは、子どもの「いい情報」に気づいて、それをそのまま言葉にして、本人にフィードバックすることです（見たまんまを言うだけなので、言葉に困ることもありませんしね）。

　例えば、子どもが「ママ〜、見て見て」と、ラクガキを得意そうに見せにきたら、「**大きく描けたね**」「**色をいっぱい使ってるね**」と、その絵の素敵なところや、「**さっきから一生懸命描いてたね**」「**おお！　完成できたね**」と、いい情報をフィードバックするだけでOK。これなら、思春期以降もアップデートしながら、末永く使えます。

　子どもの行動のいいところにマメに気づいて伝えるだけで、そこが伸びていきます。

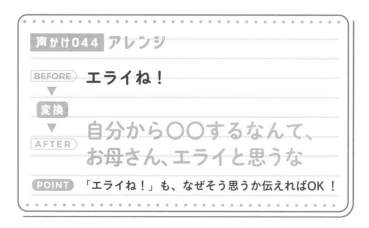

声かけ044 アレンジ

BEFORE ▷ **エライね！**

▼

変換

AFTER ▷ 自分から〇〇するなんて、
お母さん、エライと思うな

POINT 「エライね！」も、なぜそう思うか伝えればOK！

　人によっては、長年慣れ親しんだ「スゴイね！　エライね！」に、どうしても頼ってしまうこともあるでしょう。

　そんな時は、「**自分から掃除ができるなんて、かあちゃん、スゴイと思うな**」「**イヤなことでも最後までやり通せたなんて、とうちゃん、エライと思うぞ**」など、「なぜスゴイと思うのか」「どういうところをエライと感じたのか」を具体的に伝えればOK。

　コツは、Step14（p.61）と同じく、「自分」を主語にして、評価もあくまで自分の意見・ひとつの価値観・個人の感じ方として言葉で表現するといいでしょう。

　すると、さほど子どもにプレッシャーにならずに、いいと思った気持ちが素直に伝わりやすくなると思います。

声かけ045 応用

BEFORE> **スゴイね！**

▼

変換

▼

AFTER> うわあ、
ホントにスゴイね!!

POINT　共感の「スゴイね」は大盤振る舞いで

　子ども自身の心が「ママ、スゴイよ！！」と大きく動いた時の共感の「スゴイね」は、大盤振る舞いでいいと思います。

　例えば、本人にとって難しい目標が達成できた時、レアなものを目ざとく見つけた時、景色や人の行動に目を輝かせている時など、子どもが心から感動していたら、一緒になって「スゴイね!!」と親も気持ちを共有できると、喜びも倍増です。

 ほめかたがわからなければ、本人に聞くべし！

　周りが見え始める年頃になると「大げさにスゴイね！とか言われるとなんかヤダ」なんて言い始めますが（うちの長男の話です）、そんな場合は「じゃあ、なんて言って欲しいの？」と、直接本人に聞いてみるのもテ。

　うちの長男の場合、「OK」「GJ（＝Good job）」などのシンプルで短い言葉やハイタッチ、親指で「いいね！」などのボディランゲージがいいんだそうです。

　それと、思春期男子は特に、親のほめ言葉は不要でも、美味しいものならなんでも受け取りますから、ホカホカの肉まんなど「胃袋作戦」も侮れませんよ。

Q いろいろな育児本を読んでいると、ほめたほうがいいのか、ほめないほうがいいのか、わからなくなってきました

A 「いい情報にどれだけ気づけるか」の目線が大事

世の中には「ほめて伸ばす」子育てがある一方で、「ほめない」子育てもあって、何がいいのやら正直困ってしまいますよね（私もです……笑）。

私は、子どもが自信を失いがちな時期は特に、ハッキリほめてあげることも必要ですが、そこに上から目線の「評価」が加わると、なかなか親の想いが素直に伝わらない気がします。

……とはいえ、成績表も「捨てていいよ」とまでは言えませんし、社会に出れば、あらゆる場面で評価されるので、ある程度「評価」に慣れることも必要でしょうね。

だからといって、子どもの行動のすべてを「良い／良くない」と親が判定しなくてもいいですし、過度な評価は過度なコントロールにつながってしまう可能性もあります。

そもそも、親の主観である「良い／良くない」の基準も絶対的に正しいワケではないですから（……と、私はいつも自分に言い聞かせています）。

私は、子どもを「ほめる／ほめない」より、親がその子の「いい情報にどれだけ気づいてあげられるか」の目線を自分で育てるのが大事かな、と思っています。

まあ、なんでもイチイチ善悪や優劣をジャッジしてたら、こっちだって疲れますし、子どもも息苦しいでしょう（笑）。

自然体がラクです、親子だもの。

要は「子どもを肯定的に見る」→「いい情報に気づく」→「それをフィードバックする」という流れでOK。

言葉はその都度今のその子に合わせて選べばいいだけです。

声かけ046 キホン

BEFORE 全くこの子は、問題児だねぇ

変換

AFTER 何に困っているのかな？

POINT レッテル貼りを避け、行動に注目してよく観察する

　人は知らず知らずのうちに、期待された役割に自分を合わせていく習性があるようです。かつてのダーリンも「パパ」と呼ばれ続ければ父親らしくなり、新卒の先生も「先生」と敬われれば次第に先生らしくなっていくように……。

　では、家庭やクラスの中で、「できない子」「問題児」という目線で扱われるなど、マイナスイメージの役割を周りから求められ続けたら、その子はどうなるのでしょうか……？

「できない子」は、より一層できなくなり、「問題児」は、より問題行動が増えてしまうかもしれません。

　たとえ、今のその子にできないことや気になることがあっても、人格的なレッテル貼りは避けるのが賢明です。

　その子の行動に注目してよく観察し、**「何に困っているのかな？」「どこが難しいんだろう？」**と、困っていることや今の発達の段階・不安な気持ちなどに寄り添い、子どもの「動き」「作業性」「パターン」などの方向からできない理由を探ると、その子にはどんな助けが必要なのかが、見えてきます。

できないこと・苦手なことを分解する

　子どもを「行動で見る」コツは、できないこと・苦手なこと を、具体的に手が届く大きさの「○○すること」に行き着くま で、小さく分解していくことです。例えば……。

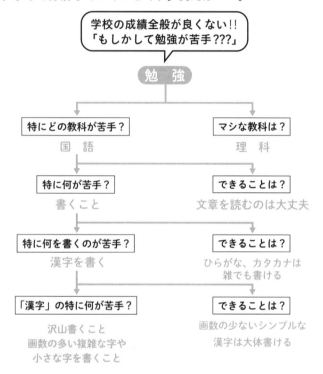

本当に苦手なこと

　こうすると、この子は「勉強ができない」のではなく、「沢 山書くこと」や「複雑な漢字や小さな字を書くこと」が苦手な だけ、とわかります。

　苦手の理由を理解できれば、その子への目線も下がります。

　そして、もう一つのヒントは「理科は多少マシ」なこと。そ れはなぜか？　同じように分解してみるといいでしょう。

BEFORE いい子だね／優等生だね

▼

変換

▼

AFTER ○○してくれて、ありがとう

POINT 「都合のいい子」という優等生の呪いをかけない

「問題児」と見られてしまう子がいる一方で、「優等生」として親や先生から頼りにされる子もいますよね。真面目で成績も優秀で周りを気遣える、素敵な長所のある子です。

もちろん、この点をほめるのはいいのですが、周りの人みんなが過剰に「いい子」のレッテルを貼り続けてしまうと、「いい子でない自分は、愛されないのではないか」「優等生でないと必要とされないのではないか」などと、自分が自分でないように感じたり、周りの期待に過剰に応えようとして、本来の自分を封印してしまう可能性もあります。

ある意味「問題児」よりも周りに見えにくい分、がんばり過ぎた時のケアが大変になるかもしれません（私の経験上！）。

大人にとって「都合のいい子」である、優等生の呪いをかけずに自信をつけてあげるには、ここでも「○○してくれて、ありがとう」と、その子の行動のみを見てあげると Good。

個人の素直な感謝の気持ちとして伝えれば、少々大人びている子でも嬉しいものだと思います。

もう一つ大事なこと。たとえ「優等生」でも、短所・欠点もあれば失敗もします。呪いをかけないためには、それを責めず、「人間らしさ」として大切にしてあげるといいでしょう。

長所と短所をセットで見る

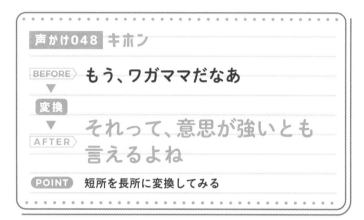

声かけ048 キホン

BEFORE もう、ワガママだなあ

変換

AFTER それって、意思が強いとも言えるよね

POINT 短所を長所に変換してみる

　世界中を探してみても、短所だけの子も、長所だけの子も、きっと一人もいないでしょう。

　子どもの短所だけを見つめても、逆に長所しか認めなくても、その子の本当の自信には、つながらないように思います。

　自信をなくしてる時には、できないことには少々目をつぶり、少しでもできることにフォーカスして、多少盛り気味でも、いい情報をフィードバックしてあげることが大事です。

　でも、最終的には、できてもできなくても、その子のすべてを親が肯定的に受け容れられるのが理想的だと思います。

　その手前のステップとして、「長所と短所をセットで見る」練習をするのがいいでしょう。短所の裏には必ず長所があり、長所の裏にはモレなく短所がついてきます。できないことがあれば、同じ数だけできることがあります。

　まずは、子どもの短所を長所に変換してみませんか。

　親がものの見方をほんの少し変えるだけで、多少の欠点があっても、可能性にあふれた子に思えてくるから不思議です。

短所を長所にする「凸凹変換」に挑戦

　では早速、子どもの短所（凹）を長所（凸）に変換する「凸凹変換」にチャレンジ！

> ### 凸凹変換の手順
>
> ① 今の子どもの短所・欠点に思えることをリストに書き出す（このままでは「悪口リスト」になっちゃいますから、お子さんの目に触れないように！）
> ② 次に、それをじーっと見つめて、長所やいいところ、「それもひとつの才能」と思えることなど、肯定的な表現になんとか変換して書き出す（全部！）

　なかなか思いつかない方には、ちょっとだけヒント。

［「凸凹変換」の例］

落ち着きがない	➡	**行動力がある**
集中力がない	➡	**好奇心旺盛**
ワガママ	➡	**意思が強い**
デリケート	➡	**感受性豊か**
優柔不断	➡	**周りを気遣える**
飽きっぽい	➡	**切り替えが早い**
宇宙人	➡	**ユニークで独創的**

　……「なるほど」と思えるものもあれば、「ちょっと苦しい感じがする」ものもあるかもしれません（笑）。

　それでもいいので、少しでもその子のいいところを、なんとか肯定的に見ようと親が努力をしようとすることが大事です。

　自分で自分の「親の目」を温かく育てていくと、子どもも明るい方向に伸びていきますから。

BEFORE
▼
ホントに、集中力がないんだから

変換
▼

AFTER
いろんなことに興味が持てるのは、キミの長所だよね

POINT　行動がいい方向に出た時に、すかさず伝える

　何度も繰り返しますが、「長所」と「短所」はセットなので、同じ子の同じ部分が時と場合により、いい結果にも、悪い結果にもつながります。

　特に普段叱責されがちな子は、何かと行動が裏目に出てしまうことが多いので、たまたまでも「表目」に出て、いい結果につながった時に、すかさずフィードバックしてあげると、次第に自分を肯定的に捉えることができるでしょう。

　また、「長所と短所をセットで見る」＋「行動で見る」＋「気持ちを伝える」の合わせ技もあります。

　子どもに、気になる点や心配なところ、注意する必要がある部分などを指摘する時は、「〇〇できるのは長所だと思うけど、〇〇の部分は（私は）〜だと思う」と、長所とセットで自分の気持ちとして伝えると、受け容れやすくなります。

　例えば、「**優しいのは、〇次郎の長所だと思うけど、人に気を遣い過ぎるところは、かあちゃん心配だな**」など。

　いくら「肯定的に」とはいえ、短所や欠点も、一切見なくていいワケではないでしょう。

　人に指摘されて気づき、自覚することで努力や工夫ができるようにもなるので、時々伝えていくのも大事だと思います。

比較はその子自身と

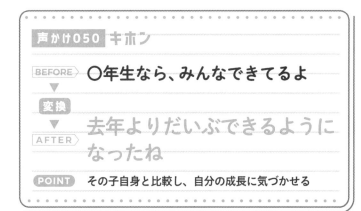

声かけ050 キホン

BEFORE ○年生なら、みんなできてるよ

変換

AFTER 去年よりだいぶできるように
なったね

POINT その子自身と比較し、自分の成長に気づかせる

CHAPTER
2
自信をつける声かけ

　子どもの個性の育ち方（発達）には個人差があり、例えば、得意な部分は実年齢＋２才ほどでグングン育ち、苦手な部分は実年齢−２才ほどでゆっくり育つ子もいます。むしろ私には、何でも平均的にムラなく育つ子のほうがまれだと思えます。

　なので、「○才なら／○年生ならできるハズ」と、平均的な発達を基準にしたり、「○○ちゃんは、もうできる」など周りのお子さん達の成長を基準に比較しても、あんまり「その子」の成長の足しにはならないでしょう。

　比較はその子自身とします。

　1年前、2年前のその子と比べ、少しでもできることが増えていたら、同級生がどうであれ、「**去年より、自転車に乗るのが上達してるね**」「**最近は、九九がスラスラ出てくるね**」と、自分では気づきにくい、その子なりの小さな進歩や成長を言葉にしてフィードバックしてあげるといいでしょう。

　人より少々時間がかかっても、できることが増えていることに気づけば、確実にその子の自信につながります。

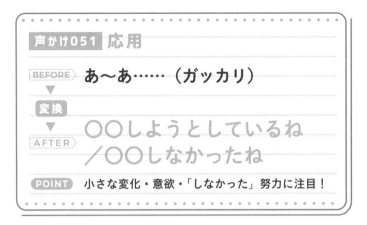

声かけ051 応用

BEFORE あ〜あ……（ガッカリ）
▼
変換
AFTER 〇〇しようとしているね／〇〇しなかったね

POINT 小さな変化・意欲・「しなかった」努力に注目！

　身長と同じで、一人の子の成長のしかたも、急激に伸びる時期もあれば、足踏み状態が続いて、なかなかいい結果が出ない時期もあるでしょう。

　エスカレーター式にスムーズに育つ子もいれば、らせん階段型・エレベーター型・ジェットコースター型など、それぞれの子に、それぞれの成長のしかたがありますからね。

　「成長の階段」の踊り場でうろうろしている時期は親ももどかしいですが、目に見えにくい、地面の下でモコモコしてきた小さな変化や意欲の芽を目ざとく見つけて、「**〇〇しようとしているね**」と、光を当ててあげるといいでしょう。

　また、失敗体験などが続き、その子が極端に自信をなくしてしまうと、気持ちが荒れたり混乱したりで、やること為すことうまくいかない時期だってあるでしょう。

　親には成長どころか後退しているように思えて、ほめるところが見つからない時もありますよね。

　そんな時は、たまたまでも、いつもなら怒り出すところを「**怒らなかったね。がんばったね**」とか、本来大騒ぎするところを「**騒がないでくれて、ありがとう**」と、マイナスの行動を「しなかった努力」に注目して拾ってあげると Good ！

難易度
★★★

Q 発達障害グレーゾーンで特別な支援が必要なほどではありませんが、通常学級では自信をなくしがちになってしまいます

A 「発達の時差」がある子は、一時的にサポートを

「発達障害」の診断がつくほどではないグレーゾーンの子は、成長を少しの間待てば、ゆっくり部分もその子のペースで自然と発達できることは多いでしょう（うちの長女もです）。

部分的にほんの数ヶ月だけ、平均的な発達との間に時差があるようなものなので、これを「発達の時差」とします。

すると、「発達の時差」があるだけの子は、本来、自然な成長を待てば問題ないはずですが、平均的な発達に合わせた通常学級の中では、できない体験が続いてしまうこともあります。

大人になれば、100歳も101歳も大した違いじゃありませんが、子ども達の世界では、ほんの数ヶ月の部分的な「発達の時差」が、大きな違いに感じられてしまうんですよね。

この「発達の時差」は、同級生たちが成長期の終わりを迎える頃には、ほぼ自然に解消される可能性も高いでしょう。

でも、その間の十数年、「できない自分」のイメージを抱えたままになってしまうのは、なんとか避けたいところです。

一時的にでも、発達障害のある子と同様、負担を減らすサポートや工夫で「発達の時差」を和らげるといいでしょう。

例えば低学年でひらがな文がスラスラ読めない時期は、親が一緒にやまびこのように音読してあげたり、繰上がりの計算が難しい時期は、好きなだけ指やおはじきを使わせてあげたり……。できるようになったら、サポートは卒業すればOK。

そして「フツーの〇年生」とではなく、その子自身との比較で、できるようになったこと、がんばれていること、小さな進歩などを伝え続けると、意欲や自信になっていくと思います。

CHAPTER
2
自信をつける声かけ

結果より過程に注目する

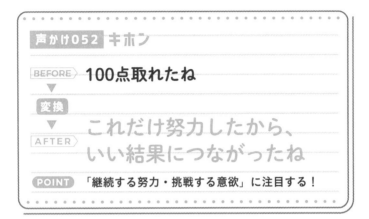

声かけ052 キホン

BEFORE **100点取れたね**
▼
変換
▼
AFTER これだけ努力したから、
いい結果につながったね

POINT 「継続する努力・挑戦する意欲」に注目する！

「100点取れた」「賞を取れた」「1番になった」などの、結果が出た時だけに注目していると、たとえ90点や2番の時でもその子にとっては「失敗体験」になってしまいます。

ましてや、発達の凸凹がアンバランスな子は、集団教育の中ではなかなか目に見える結果につながらないことも多く、一向にほめるチャンスがやってこない場合もあるでしょう。

もちろん、勝負事や受験など「結果がすべて」の世界もありますが、家庭では過程（プロセス）のほうに注目して支えてあげると、結果がどうであれ、心は折れにくくなっていくでしょう。

注目ポイントは「継続する努力・挑戦する意欲」です。

いい結果の時は「〇〇をこれだけ努力したから、いい結果につながったね」「テスト勉強、がんばってたもんね」、結果につながらなくても「努力したことは、実力になっているよ」「こんなに難しいことに挑戦するだけでも、大したもんだよ」など、がんばりやチャレンジ精神をキッチリ拾ってあげることで、その子にとっての「成功体験」を増やせます。

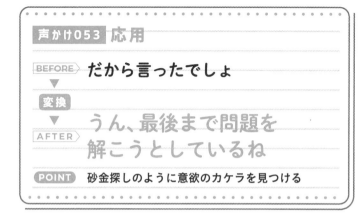

声かけ053 **応用**

BEFORE　**だから言ったでしょ**

変換

AFTER　うん、最後まで問題を
解こうとしているね

POINT　砂金探しのように意欲のカケラを見つける

　子どもが大した努力もせず、案の定無残な結果になってしまった場合はどうしたらいいでしょうか。

　「ホレみろ、だから言ったでしょ」と言いたくもなりますが、たとえ5点のテストでも、川の中で砂金を探すように、少しでもできてる部分や、努力や意欲のカケラを見つけてあげると、これ以上後退しなくて済むかもしれません。

　また、こんな時は自信や意欲を大きく失っていることもあるので、できないことは**「まー、しょうがないね」**と、がんばれない状態を一旦受け容れてあげることも必要でしょう。

 学校のテストの活かし方

　テストの本来の意義は、今のその子が「どこまでわかっていて、どこがわかっていないか」のチェックでしょう。

　加えて、「カンチガイしやすい箇所」「うっかりミスの多さ」「読み・書きに支障がないか」「時間内に最後まで書けたか」などの発達面の特徴や、処理能力・作業性のチェックや分析にも応用でき、成長の記録や、面談や発達相談の際の資料・証拠とするなど、有効活用すれば大変有意義なモノなんです。

発想力や斬新さに注目する

声かけ054 キホン

BEFORE
▼
はい、はい

変換
▼
AFTER
そんなこと思いつくのは、キミだけだよ

POINT ほめられないけれど、それは長所かも !?

時に、「ママ〜！　見て見て！」と、子どもが得意そうな顔で見せてきたけど、決して手放しで「素敵！」「素晴らしい！」などと、ほめられるようなシロモノではないこともありますよね（犬のトイレにかりんとうを置いておくとか……）。

でも、イタズラっ子の場合は特に、立派なことをしてほめられるよりも、誰かが驚いたり笑ったりすることが、何よりのごほうびにもなるでしょう。

これはひとつの才能とも言えますが、かと言ってほめても無反応でも、余計にエスカレートされたら困りますし……。

こんな時は、「**そんなこと思いつくのはキミだけ**」「**かあちゃん、40年の人生で初めて見た！**」「**うーん、新しい発想だね**」と、発想力や斬新さに注目してあげると Good ！

周りの大きな迷惑になるイタズラなど、行き過ぎた行動にはブレーキをかける必要がありますが（CHAPTER 4で詳述）、斬新なユニークさや、豊かな発想力、旺盛なサービス精神などは、長所として大事にしてあげるといいんじゃないでしょうか。

声かけ055 アレンジ

BEFORE▼ **なんでこーゆーことするの！**

変換▼

AFTER▼ うん、グチャグチャだね

POINT しょーもないことは見たままを言う

さらに、子どもは「発想力豊か」とまでも言えないような、ホントにしょーもないことをして、ドヤ顔で親の反応をワクワクして待っていることもあります。

顔中をごはん粒だらけにしたり、ケチャップまみれの手を近づけてきたり、ビスケットをコナゴナにして牛乳を混ぜて練り直して食べてみたり……。キタナイあそびや「親のイヤがりそうなことだけは大好き」という子もいますね（うちにも！）。

こんな、ほめる必要はないけど、怒るまでもないような、ホントにしょーもないことには、ロコツにイヤそうな顔をしながら**「うん、グチャグチャだね」「うん、コナゴナだね」**と見たままを言うと子どもは満足できるでしょう。

そして、ホウキとチリトリ、ウェットティッシュなどを**「はい、どーぞ」**と渡して済ませるのもアリ。

食卓の近くにホウキとチリトリのセットを常備しておく、「片づけのしかた」の手順を描いたカードを壁に張る……などの工夫でも、自分で後片づけしやすくなります。

実は、こんなグチャグチャあそびは、ほめられたことではなくとも、子どもの感覚が育つのに結構役立っているんです。

許容範囲なら、大目に見てあげるといいでしょう。

先入観を言葉からリセットする

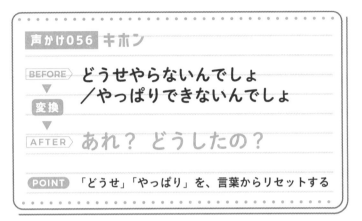

声かけ056 キホン

BEFORE どうせやらないんでしょ
／やっぱりできないんでしょ

変換

AFTER あれ？ どうしたの？

POINT 「どうせ」「やっぱり」を、言葉からリセットする

　子どもに同じことを何度言ってみても、なかなか実行できなかったり、やってはみても失敗ばかりの状態が続くと、なんだか疲れてきて「どうせ」「やっぱり」と、だんだん諦めの気持ちが入りそうにもなりますよね。

　でも、ここで決めつけると、本当に「できない子」としての役割が身についてしまうことも（Step28、p.103）。

　自分の固定化された意識をリセットしたい時は、まず、言葉から変えていくとやりやすいでしょう。

　この場合、今までの経験上予想できることは一旦置いて、見知らぬよそのお子さんを預かった時のような気持ちで、白紙状態から声かけを再スタートしてみるといいと思います。

　「あれ？　どうしたの？」「ん？　どこが難しい？」と、やらない理由やできない部分を、新しい気持ちで本人に丁寧に聴いてみると、意外なところでつまづいていたり、負担を感じていたりすることは多いものです。一旦リセットすれば、やらない・できないの手がかりが見つかることもあります。

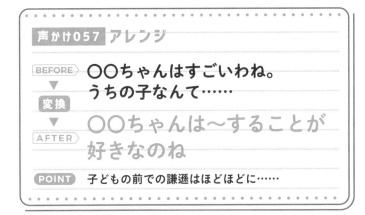

声かけ057 アレンジ

BEFORE ○○ちゃんはすごいわね。
うちの子なんて……

変換

AFTER ○○ちゃんは〜することが
好きなのね

POINT 子どもの前での謙遜はほどほどに……

　恐ろしいことに、お母さん同士の井戸端会議やスマホの長電話を、子どもは聞いてないようでしっかり聞いていますし、わかってないようで意外とわかっています。

　小さな子も印象的な言葉だけはずーっと覚えていて、後から意味がわかるようになることだってあるんですよ。

　日本人は特に、謙遜を美徳とする文化が根づいているので、子どもの前でよそのお子さんをほめて「うちの子なんて、まだ○○ができないのよ〜」と、我が子をうっかり下げてしまったり、「○年生になっても、まだまだ甘えんぼなのよ〜」なんて、親にはちょっと嬉しいことでも、本人は「言わないで」と思っていることもあります。親子間でも口は災いのモト！

　ほどほどの謙遜は美しいですが、子どもの前で我が子を下げながら赤裸々トークをするのはやめておくのが賢明です。

　また、相手の長所を素直に賞賛できるのは素敵なことですが、子どもの前だと自分と比べて落ち込むこともあるので、**「○○ちゃんは、ピアノを弾くのがすごく好きなのね」「○○君は、サッカーが楽しくてしょうがないんだね」**と、「○○ちゃん」個人の個性や気持ちにスポットを当てて、我が子と関連づけないようにするといいでしょう。

117

Q 先生に発達障害があることを伝えたところ、「できない子」という先入観で見られるようになってしまいました

A 外部に「できる子」として扱ってくれる居場所を確保する

私は、基本的には、子どもに発達障害があり、かつ、それが本人の「努力では乗り越えられない壁」になるほどである場合には、学校側に伝えるのがいいと思っています。

発達障害を学校側に伝えることで、その子に合ったサポートや配慮を受けやすくなり、事前にパニックやトラブルを避けたり、学校での失敗や叱責体験を減らし、できることをその子のペースで増やしていく……などの対応を期待できるからです。

ただし、相手が先入観の強い先生などの場合には、かえって「できない子」「問題児」として腫れ物のように扱われてしまったり、その子の理解度に合わない簡単な課題ばかり与えられたり、さらには保護者自身も「モンスターペアレント」「面倒な親」などとレッテルを貼られたりする可能性もあります。

もし、その先生に伝えることに不安があれば、事前にスクールカウンセラーに相談したり、特別支援コーディネーターや管理職の先生などに面談に同席してもらうといいでしょう。

それでも「できない子」のレッテルを貼られてしまったら、学校以外で「できる子」として扱ってくれる居場所を確保してあげるといいと思います。

その子の得意分野の習い事や趣味のサークルなどで、先入観なしに実力を認めてもらえる体験を積んだり、その子に合った対応を心得ている外部の支援機関や塾などで「できる」体験を積んだりすることができれば、それが自信になります。

その先生の、そのクラスの価値観が「すべて」にならないように、子どもの世界をあちこちに広げておくのも処世術です。

間接アタックで伝える

声かけ058 **キホン**

BEFORE ちょっと座りなさい。
先生からいろいろ聞きました

▼

変換

▼

AFTER 先生が「〇〇君は〜をがんばって
ますね」って、言ってたよ

POINT 間接的にもほかの人からのプラスの情報を伝える

　学期末の面談で、先生から子どものあれやこれやを聞いてくると、私もつい、お奉行様モードで帰還して、開口一番「ちょっとそこに直れ！」と、お説教を始めたくなります（笑）。

　でも、先生のお話をよくよく思い出せば、少しくらいは、いい情報だって混じっていたはずなんです。

　特に、人様からほめられる経験が少ない子は自信をつけてあげる機会が貴重なので、人から少しでもいい情報を仕入れたら大事に拾って、「**先生が、『最近〇太郎君は、係活動をがんばってますね』って、面談で言ってたよ**」「**お向かいのおばあちゃんが『おはようございます』ってあいさつされて嬉しかったって**」と、間接アタックでマメに伝えるといいでしょう。

　いい情報の仕入れが少ない時は、「**先生、助かったんじゃないかな**」「**おばあちゃん、嬉しかったと思うよ**」などと、相手の気持ちを推測して伝えるのもアリ。

　間接アタックなら、親にほめられるのが照れ臭いお年頃の子も受け容れやすく、他人に認められる経験が自信になります。

BEFORE
ねえ、パパからも注意してやって！

変換

AFTER
パパ、今日の面談で先生が「最近〇〇君は、〜をとてもがんばっています」って言ってたよ

POINT　その子のいい情報は家族で共有しておく

　さらに、他人から仕入れたいい情報は、家族にもさり気なく伝えておくといいでしょう。

　すると、パパ経由でも「**最近、〇〇をがんばってるんだって?**」と、本人にフィードバックできたり、口に出さない場合も、その子への温かい目線を育てることができます。

　もちろん、人から聞いたことだけでなく、自分で気づいた子どもの成長やいいところ、好きなことや興味のあることなどのいい情報は、「**昨日、〇次郎は自転車で一人で〇〇まで行けたんだよ**」「**最近〇子は、レゴで〇〇を作るのがブームなんだよ**」など、家庭内や周りの人達と、日頃からマメに共有しておくのがオススメです。

　忙しい家族にも、効率よく子どものいい情報を共有するには、廊下にコルクボードで家庭内掲示板を設置する、SNSなどで家族グループを作り写真を投稿する……など、アナログ／デジタルでカタチにして伝えるのもGood！

　貴重なひとつのいい情報を、家族や周りの人たちからもフィードバックしやすくしておくことで、子どもへの「温かい目」「温かい空気」をみんなで作り出すことができます。

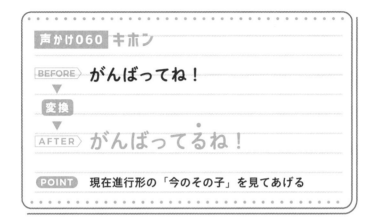

声かけ060 キホン

BEFORE がんばってね！

変換

AFTER がんばってるね！

POINT 現在進行形の「今のその子」を見てあげる

　ほんの一字、二字の違いで、随分と言葉の印象が変わってくることってありますよね。例えば、「今日の夕飯は美味しい」とか……（ホントに、一文字余計です！）。

「がんばってね」という励ましの言葉も、今精一杯、自分にできる努力をしているのになかなか結果が出ない時や、いろんなことをがんばり過ぎている時には、（相手によっては）負担やプレッシャーに感じてしまうこともあります。

　その子を応援する気持ちを素直に伝えたい時は、「**がんばってるね！**」と、たった一字、「る」を加えるだけで、今のがんばりを肯定する表現になります。

　親心から、子どもにあれこれと望みたくもなりますが、子どもは「今」を生きているので、まず第一に「今のその子」を肯定してあげることが必要なんだと思います。

「今」に注目して、言葉の使いかたを「現在進行形」にするだけで、「今のその子」を受け容れてあげることができ、親の気持ちも素直に伝わりやすくなるでしょう。

BEFORE なんでできないの!?

▼

変換

▼

AFTER （今は、）これでOK

POINT どうしてもできないことは「今は」とつぶやく

それでも親は、子どものできないことがどうしても気になることだってありますよね。

「学校で友だちにバカにされるんじゃないか」とか、「こんなことでは将来困るんじゃないか」と心配になれば、つい一言言いたくもなるものです。私も不器用な我が子をそばで見ていると、もどかしくてヤキモキしてきます。

でも、子どもはそれぞれのペースで、発達のステップを一つひとつ踏みながら成長しているので、少し先のステップにあることを要求されたところで「いくらがんばっても、今スグにはできない」こともあります。

今のその子は「まだそのタイミングではない」んですね。

かけ算ができるには、足し算を理解している必要があるのと同じで、その子の「できるタイミング」には順番があります。

だから、がんばっているのに「なんでできないの!?」と思ったら、「（今は、）これでOK」「（今は、）〇〇できれば、十分」「（今は、できなくても）まあ、しょうがないね」と、心の中で「今は、」とつぶやいて、一旦受け容れてあげるのがいいでしょう。そうして待ってあげているうちに、子どもはその子のペースで着実に成長していきますからね。

CHAPTER

子どもに伝わる声かけ

親の愛情をわかりやすく伝え、いい情報に目を向け、肯定的に受け容れられると、子どもはできてもできなくても愛されている実感が持て、自分を全体的に大事に思えるようになり、「根拠のない自信＝自己肯定感」がついてくるでしょう。

これはとても大切なことですが、一方で、実際に「できた！」体験を増やして、「根拠のある自信＝自己効力感」……つまり「実力＝実行力」をつけることも必要なのです。

親が子どもに伝わりやすい声かけのツボを押さえれば、ちょっとだけ効率よく、実際に「できた！」を増やしていけます。

「やっていいこと」を伝える

声かけ062 キホン

BEFORE ▶ **〇〇しちゃダメ！**

▼

変換

AFTER ▶ 〇〇しよう

POINT ダメなことより「やっていいこと」を伝える

「歩道で走っちゃダメ！」「お友達のモノ取っちゃダメでしょ！」とダメ出しされても、人生経験の少ない子どもは「ダメなのはなんとなくわかったけど、じゃあ、一体どうしたらいいの？」と、内心困っていることもあるでしょう。

ここは、歩道や廊下をどうやって通ればいいのか、友だちと上手に関わるにはどうしたらいいのか、具体的な行動や言葉で**「端っこを歩こう」「こういう時は『ボール貸してくれる？』って聞いてごらん」**と「やっていいこと」を伝えるとGood！

こうすると適切な行動がわかりやすく、また、ダメ出しされるよりも、ずーっと素直に受け容れやすいんです。

特に「周りを見て、自然と学ぶ」のが苦手な子は、一つひとつ具体的に「やっていいこと」を（ちょっと手間ですが）その都度伝えていくことで、できることが増えるでしょう。

いずれは、言われなくても自分で動いて欲しいところですが、それにはその行動の経験値を貯めて、習慣として定着するまで、繰り返して身につけるステップが必要なんです。

〈BEFORE〉	〈AFTER〉
なんでそーゆーことするの！？	▶ こーゆー時は、〇〇すればOK
もう、何やってンの！	▶ ここをこうしたらいいよ
散らかさないで！	▶ 使ったモノはこの箱に入れてね

失敗の犯人探しよりも解決策を

　子どもが大人には理解不能なことをやらかせば、「なんでそーゆー（アホな）ことするの！？」と、頭の中をちょっと覗いて犯人探しをしたくなりますが、まずは解決策の提案をすることのほうに、親の視点をフォーカスするのがコツです。

　実例や、動き方のコツ、具体的な指示などで「こうしたらいい」を示してあげると動きやすいでしょう（詳しくは、それぞれのStepでお伝えしますね）。

　また、行き過ぎた行動にはダメ出しも必要ですが、「〇〇しちゃダメ」「〇〇しないで」が日常的にあまりに多いと、子どももはどうしたらいいのかわからず混乱したり、身動きが取れずに消極的になったりしてしまうこともあります。

　そんな時は親のほうから意識的に、「やっていいこと」に目を向けるようにするといいでしょう。

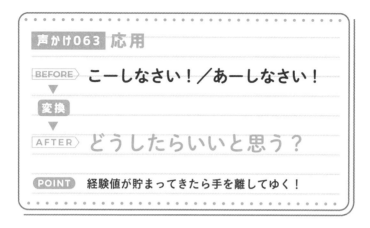

声かけ063 応用

BEFORE こーしなさい！／あーしなさい！

変換

AFTER どうしたらいいと思う？

POINT 経験値が貯まってきたら手を離してゆく！

　具体的な声かけで「やっていいこと」を伝え、子どもに十分に経験値が貯まって、その行動が習慣として定着してきたら、この「応用」のステップへ（「周りを見て、自然と学ぶ」ができるタイプの子は、ここから始めてもOKです）。

「（こういう時には）どうしたらいいと思う？」「どうすれば良かったんだっけ？」と、自分で考えたり、今までの経験を思い出せる声かけに変え、徐々に手を離しつつ、最終的に親の声かけが必要なくなるまで見届けるのがとても大事！

　この「手を離していく」過程は、以降のすべての声かけに共通して必要なステップなので、常に頭の片隅に置いておいていただけると嬉しいです。

　子どもの様子を観察して、「だいたいできてきたな」「なんとなくわかってきたな」と感じたら、このステップを忘れずに……。

　そうすると、お母さん・お父さんのお仕事も1コずつ減っていくので、だんだんラクになれると思います！

気づかせてから話す

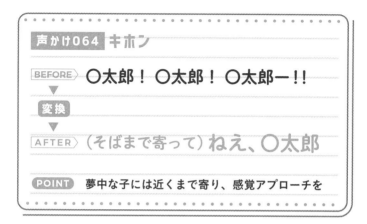

声かけ064 キホン

BEFORE ○太郎！ ○太郎！ ○太郎ー！！

▼

変換

▼

AFTER （そばまで寄って）ねえ、○太郎

POINT 夢中な子には近くまで寄り、感覚アプローチを

　子どもが何かに夢中になっている時や、ぼーっとしている時に、キッチンカウンターや階段の下から大声で何度も呼びかけても、こちらのエネルギーをムダに消費するだけです。

　こんな時は（多少面倒でも）、その子のそばまで寄り、こちらの存在に気づかせてから、名前を呼ぶといいでしょう。

　それでも、無我夢中で、近寄っただけでは気づかないツワモノを「今、現在」に戻す時のコツは、催眠術師が術を解いて目覚めさせる時と同じ。声かけと同時に感覚的な刺激を与えることで、ハッと夢から覚ますことができます。

　例えば、ツムジや肩を指でツンツンしたり、前方から視界に入って手を振ってみたり、目の前で軽く指をパチンと鳴らしたり、コンコンとテーブルなど身近なモノをノック、ホカホカの肉まんを差し入れ……など。

　それぞれの子で、その子に入りやすい感覚的なアプローチがあるので、試行錯誤で探ってみるといいでしょう。

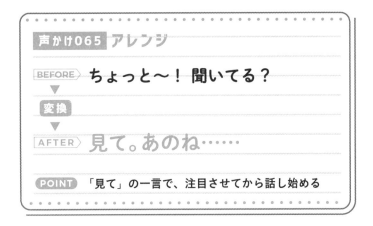

BEFORE ▼ ちょっと〜！ 聞いてる？

変換 ▼

AFTER 見て。あのね……

POINT 「見て」の一言で、注目させてから話し始める

お母様の大切なお話が終盤になる頃に「あ、コイツ、全然聞いてないわ」と気づいた時の徒労感と言ったら！（笑）

そんな時は**「見て」**とまずはひと声かけて、しっかりこちらに注目させてから本題を話し始めると省エネできます。

ただし、大切な話は手短に！（Step07、p.41）

お笑い芸人「つかみは OK！」の法則

お笑い芸人さんが舞台に登場する時は、「どーも、どーも、どーも！」と、手を叩くなど派手なアクションをしながら入ってきますよね。

時には、奇抜な衣装を着たり、一発ギャグをかましたりと、最初の「つかみ」を本当に大事にしています。

これも、前のコンビの余韻をリセットし、観客を自分たちにしっかり注目させてから、本題のコントや漫才に入るため。

家庭では笑いを取りにいかなくてもいいんですが、「つかみ」は意識してみるといいかもしれません。

指示は1コずつ

声かけ066 **キホン**

BEFORE
ハミガキしたら、トイレして着替えて！
7時30分までに出発。あ、今日雨が降りそう
だから、カサ持ってって。ほらもう、

変換
カオにケチャップついてる！

AFTER
ハミガキしようか？→
（終わったら）→トイレ行っと
こうか？→（終わったら）→……

POINT 「急がば回れ」で、ちょっと待ってあげる

朝のあるある風景ですね（笑）。

バタバタしていると親も余裕がなくて、子どもの身支度には
つい早口でいっぺんに指示を出したくもなりますよね。

でも、小さな子や好奇心が強くて気が散りやすい子は、短期
の記憶力やワーキングメモリ（※注）の容量が小さくて、一度に
複数の指示を覚え切れない、実行できないこともあります。

こんな時は、ひとつ終わったら次のことを……と、ゆっくり
聞き取りやすい声で、1コずつ指示を出せば、手順を一つひと
つクリアすることができます。

急かしてしまうと情報が多くて混乱し、かえって身支度が遅
くなることもあるので、「急がば回れ」で、ちょっと待ってあ
げるのが、結局のところ一番の近道のようです。

（※注）情報を瞬間的・一時的に記憶し、処理する能力のこと。

朝の身支度の工夫

　そうは言っても、毎朝イチイチ言うのも根気がいるし、「どうしても余裕なくて、つい急かしてしまう」「支度が遅れるのがパターン化してる」などの時には、例えばこんな工夫も。

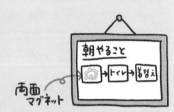

- ホワイトボードに、両面マグネットのシートに手順をひとつずつ書き出したリストを並べ、できたら裏返す（裏には「花マル」など）
- イラストまたは写真で、身支度の手順を描いて番号をふった一覧表を作り、張っておく
- スマホのリマインダーやアラームに、支度の手順や音声メモを入力してセットしておく

　こうすることで、親の頭も整理されますし、モノはいつでも、優しく根気よく接してくれますから（笑）。

　ただし、声かけや工夫でちっとも支度が進まない場合、背景に学校に行きたくない理由や、目に見えない体調不良がある可能性もあります。こんな時は、心身のケアを優先してあげたほうがいいかもしれません。

　また、もし学校で子どもが先生の複雑な指示を聞き取れず、一斉授業に遅れがちな場合には、**「一度に複数の指示が聞き取れないようなので、お手数ですが、黒板などに箇条書きしていただけると助かります」**などと、個別の声かけや板書の箇条書きの併用、メモを渡す……などの配慮をしていただけるよう、具体的に伝えて、丁寧にお願いしてみるといいかもしれません。

　これだけでも、随分とその子の負担感が違ってくると思いますよ。

> BEFORE ハミガキしようか？ → （終わったら）
> →トイレ行っとこうか？ → （終わっ
> 変換 たら） →……
>
> AFTER ハミガキ終わったら、次は何する
> んだっけ？→カガミ見て。それで
> OK ？→時計見て。間に合いそう？
>
> POINT 手順に慣れたら、気づかせ・確認の声かけに

CHAPTER 3 子どもに伝わる声かけ

　子どもが身支度など「その作業の手順」に慣れるまでは１コずつ伝えればOKですが、いずれは「何も言われなくても、時間に間に合うように考えて、自分で動ける」ようになって欲しいところですよね。その都度、指示を１コずつ伝えつつ、その手順のパターンに慣れ、子どもが次にやるべきことが「頭ではわかっている」ようになったら、少しずつ「気づかせる声かけ」や「確認の声かけ」で、言われなくても自分で動けるようにリードしていくと Good。

　「次は何するんだっけ？」「どうすればいいんだっけ？」など、次の行動に気づかせるための質問をする。または「それでOK ？」「間に合いそう？」と確認を入れるだけ……などに、声かけを次第に移していくといいと思います。

　この時、「カガミ見て」「時計見て」と、具体的に自分でチェックできるモノへと視線を誘導すると、より動きやすくなるでしょう。

あいまい言葉を超・具体的に

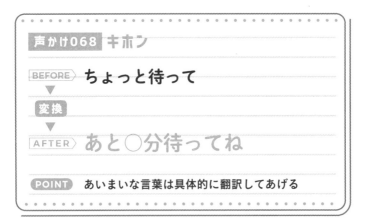

声かけ068 キホン

BEFORE ▶ **ちょっと待って**
▼
変換
▼
AFTER ▶ あと○分待ってね

POINT あいまいな言葉は具体的に翻訳してあげる

　実は、「ちょっと」や「もうすぐ」などのあいまいでアバウトな言葉は、人生経験の少ない小さな子や、合理的なタイプの子には、イマイチ想像しにくくてわかりづらいようです。

　ここは、「**あと○分**」「**かあちゃんがこのお皿を洗い終わるまで**」など、数字や実例、動き方などで「ちょっと」ってどれくらいか超・具体的に伝えると、「ああ、そういうことか！」と通じやすいんです。

　……「ちょっと」面倒ですが（苦笑）。

「ちゃんと」や「しっかり」なども目に見えないので、はっきりとイメージしにくくて、なかなか「ちゃんと」通じにくいタイプの子もいます。

　その行動が習慣として定着するまでは、「ちゃんと」とはどういう動きのことなのか、「しっかり」とは、何と何ができればOKなのか、その都度具体的に中身をイメージしやすいように翻訳して伝えてあげると、結構わかってくれますよ。

⟨BEFORE⟩　　　　　　　▶AFTER

だいたいでいいよ	▶ **80%くらいできてればOK**
ダラダラしないの！	▶ **背筋をピンと伸ばして、前を向いてごらん**
ちゃんと並んで	▶ **この線の内側に立とう**
掃除、キチンとやって	▶ **（指差して）ここからここまでのゴミをなくそう**
しっかりやって	▶ **今やることをもう一度確認してみようか？**
テキトーにやって	▶ **疲れたな、と思ったら休んでね**
この辺にいて	▶ **この時計台の下で待ってようか？**

CHAPTER 3

子どもに伝わる声かけ

実物・実例を見せる工夫

あいまいな指示は、言葉だけでなく、目に見えるように工夫するとよりわかりやすくなります。例えばこんなふうに……。

- 宿題のプリントに線を引く、公園の遊具に並ぶ地面に線や輪を描く……など
  ⇒「ここから、ここまで」と線で範囲を示す
- 指のカウント、終了時刻のタイマー、番号札を配る、宿題の範囲に1ページごとにふせん……など
  ⇒「あとどれぐらいか」が、回数・数字・量などで見えるようにする
- 動き方の実例のお手本（親、きょうだい、友だちなど）や、参考になる写真・イラスト・動画……など
  ⇒「『ちゃんと』って、こんなカンジ」とイメージできるようにする

また、待ち時間や休み時間に、「自由にしていいよ」「好きなようにしてて」など、具体的な指示がない場合、かえって困惑してしまい、どうしたらいいのかわからない子もいます。

こんなタイプの子や、待つのが苦手な子には、例えば、ゲーム機やマンガ、テレビのリモコンなどを渡して**「ゲームしててOK」「これ読んでてね」「コレ見て待っててね」**と、具体的に待ち方を教えてあげると親切でしょう。学校の休み時間の過ごし方に困っている子には、好きな本や自由帳などを持参して**「トイレを済ましたら、席でこの本を読んでいればいいよ」**など、具体的に「やっていいこと・できること」を教えてあげると安心できるかもしれません。

大人も美容院の待合い席に雑誌が置いてあったり、仕事で商談相手を待つ間に応接室で美味しいお茶菓子を出されたりしたら、結構気長に待てるのと同じですね。

声かけ069 **応用**

BEFORE ▶ **おしょうゆを大さじ1杯足して**

▼

変換

▼

AFTER ▶ おしょうゆをちょっと足して
→そうそう、これが「ちょっと」

POINT あいまいな言葉にも少しずつ慣らしていく

そうは言っても、世の中、そんなに懇切丁寧に具体的に伝えてくれる人ばかりではありませんよね。

なので、子どもに「ちょっと」や「だいたい」の経験値がだんだん貯まってきたら、あえて、[BEFORE]のような言葉（あいまいな言葉）にも少しずつ慣らしていくといいでしょう。

例えば、一緒に料理をしている時などに、「**おしょうゆをちょっと足して**」「**火加減はだいたいでいいよ**」など。

そして、実際に「ちょっと」や「だいたい」ができたら、「**そうそう、これが『ちょっと』**」「**そうそう、それぐらいで『だいたい』だね**」などとフィードバック。

もし、「ちょっと」ができていない場合には、「**うーん、これは『ちょっと』しょっぱいな～。『もうちょっと』水を足そう**」などと、一緒に味見しながら、感覚的に微調整をするとGood！

あいまいな言葉のイメージが子どもと共有できるようになると、だんだん翻訳しなくても、アバウトな言葉も通じやすくなるでしょう。

子どもの都合を聞く

声かけ070 キホン

BEFORE いい加減にしなさい！

▼

変換

▼

AFTER あと何分で終われそう？
→終われたね

POINT 夢中な時には、子どもの世界に話を合わせる

　子どもがいつまでもゲームに夢中で、宿題や食事など、やることをちゃんとやらなければ腹も立ちますよね（私の口からも「いい加減にしなさい！」は、今でもよく飛び出します）。

　それだけ集中できるのは長所でもありますが、子どもが好きなことだけやり続けていたら、家庭の生活が回りません！

　でも親が怒りに任せ、ゲームの電源を引っこ抜いて強制終了し、大事なアイテムのデータが消えちゃったりすれば、何かと禍根が残ります。子どもには子どもの事情があるのでしょう。

　こんな時は、子どもの世界に話を合わせて都合を聞くと、意外と素直に終われることもあります。

　例えば「**あと何分で、その対戦終われそう？**」「**次のセーブポイントまでどれくらい？**」「**そのアイテム取ったらOK？**」……など、キリがいいところを聞くとGood。

　そこで「あと5分でセーブできる」などと、自分で決めたことを（少々時間オーバーしても）言葉通りに実行できたら、「**終われたね**」とフィードバックするといいでしょう。

声かけ071 アレンジ

BEFORE もう！ いつになったら宿題やるのッ！

▼

変換

▼

AFTER 宿題、何時からやる予定？

POINT 腰が重い子には、有言実行をフィードバック

　ダラダラしてなかなかエンジンがかからない子に、「もう！いつになったら宿題やるのッ！」と、シビレを切らせると、「今やろうと思ってたのに！　あーあ。お母さんのせいで、もうやる気なくなった～」なんて、言い返されるパターンも、結構あるんじゃないでしょうか。

　子どもがみんな、有名塾の先生みたいに「いつやるの？　今でしょ！」と、即実行できればいいんですけどね……。

　腰が重い子には、まず先に**何時からやる予定？**と、本人の意思や都合を聞いてみて、そこで「う～ん……夕飯食べて、7時くらいからやろうかなぁ」など、シブシブでも言質を取れたらシメたもの。

「OK！7時からね。忘れないようにアラームセットしようか？」と、再度の声かけやアラームなどで、有言実行をサポートするといいでしょう。

　そして、少しでも宿題に取りかかり始めた時点で**「時間通りに始められたね」**と、すかさず有言実行できたことへのフィードバックをすると、重い腰も少しずつ軽くなると思います。

手本を見せる

声かけ072 キホン

BEFORE うるさい！
▼
変換
AFTER 声を「これくらい」に
してくれる？

POINT 「子どもにして欲しいこと」は、目の前でお手本を

「子どもにして欲しいこと」は、目の前で具体的にお手本を見せると、ガゼン伝わりやすく、実行しやすくなります。

例えば、子どもが騒がしい時に、「うるさい！」と言っただけでは、小さな子や相手の言外の意図を察することが苦手な子は、それが「声を小さくして欲しい」という要望だとは気づきにくいんです（特に、子どもよりさらに大きな声で「うるさーい!!」と叫ぶと、説得力が出ません）。

この場合、親がその場でちょうどいい声のボリュームの「実例」を見せて、子どもが適切な声の大きさに調節できたら**そう！　それくらいでお願いね**」と、フィードバック。

これを繰り返していくと、次第にその場に適した声量の感覚を掴んでいけるでしょう（経験値が貯まれば、そのうち「うるさい」でも通じるようになると思いますよ）。

「子どもにして欲しいこと」を、その都度根気よく、繰り返し目の前で親がお手本を見せ続けるのは、結構大変だとは思うのですが、できることは確実に増えていきますからね。

「声の大きさ」の見える化の工夫

「お手本を見せる」以外にも、あの手この手のアプローチで、声量を意識できるといいでしょう。例えば「**今、声はテレビのボリュームだと5くらいにね**」など、身近な実例で具体的に伝える、など。ほかにはこんな工夫も……。

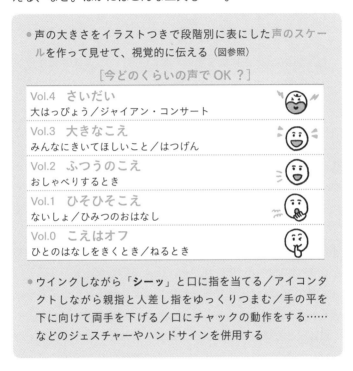

- 声の大きさをイラストつきで段階別に表にした声のスケールを作って見せて、視覚的に伝える（図参照）

[今どのくらいの声でOK？]

Vol.4　さいだい 大はっぴょう／ジャイアン・コンサート	
Vol.3　大きなこえ みんなにきいてほしいこと／はつげん	
Vol.2　ふつうのこえ おしゃべりするとき	
Vol.1　ひそひそこえ ないしょ／ひみつのおはなし	
Vol.0　こえはオフ ひとのはなしをきくとき／ねるとき	

- ウインクしながら「**シーッ**」と口に指を当てる／アイコンタクトしながら親指と人差し指をゆっくりつまむ／手の平を下に向けて両手を下げる／口にチャックの動作をする……などのジェスチャーやハンドサインを併用する

　実は、声量のコントロールは、感情のコントロールの入門編のようなモノなんです。

　感情を自在に自分でコントロールするのは修行僧でもなかなか難しいと思いますが、声量なら比較的簡単に、意識すれば大人も子どももできそうですよね。

　つい、カッとなりやすい子ほど、ぜひ身につけておきたいところです。

BEFORE 落ち着いて！

▼

変換

▼

AFTER 息をフーッと吐いて（フーッ）……吸って（スーッ）

POINT 子どもに落ち着いて欲しい時には、まず自分から

子どもが公共の場所などで、興奮して大泣きしたり大騒ぎしたりすると、周りの視線も痛いので、親は一刻も早く「静まれー！」と祈りたくもなりますが、その子に落ち着くためのノウハウがないと言われたってできないんですね。

ここは、「**息をフーッと吐いて（フーッ）……吸って（スーッ）**」と親が一緒に息を整えて、リードしてあげるといいでしょう。「**ゆっくり順番に話してくれる？**」など、「どんな動きをすればいいか」を、穏やかに伝えるのも good。

大事なのは、子どもに落ち着いて欲しい時には、まず自分が落ち着くこと。

親は子どもの感情に巻き込まれやすいので、子どもが泣くのにつられて慌てそうになったら、まずは自分が一呼吸。

大丈夫。自分が落ち着けば、子どももいずれ落ち着きます。

また、強いパニックやかんしゃくが頻繁にある子は、体質的な感覚の過敏さなどに原因がある場合もあります。

お医者さんなどにも相談しつつ、特定の音やニオイ・色・人・場所など、原因となる刺激をあらかじめ避けるようにする、マスクやイヤーマフ、薄い色つきメガネなどを使って自衛するなどで、過敏さの負担を和らげる工夫ができるといいでしょう。

動きのコツを教える

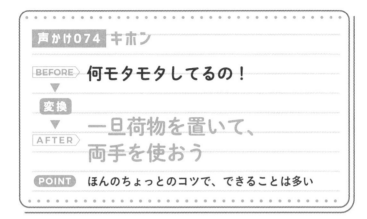

声かけ074 キホン

BEFORE 何モタモタしてるの！

変換

AFTER 一旦荷物を置いて、
両手を使おう

POINT ほんのちょっとのコツで、できることは多い

　子どもが登校・登園時間に遅れそうなのに、玄関先でモタモタしていると、ついつい急かしたくなりますが、余計に慌ててしまうとかえって逆効果になりがちです。

　こんな時こそ、落ち着いて子どもの行動をよく観察してみるとスピードアップのヒントが見えてくるんです。

　もしかして、お子さん、両手に体操袋と習字道具を持ちながら靴を履こうとしていませんか？（笑）

　単純なことですが、両手がバッチリ使える状態なら、身支度も素早くできます。片足立ちでバランスが悪くて、靴や靴下がうまく履けない時には「**座ってやってごらん**」でもOK。

　ほんのちょっとのコツで、いとも簡単にできることは結構多くありますが、本人も頭ではわかっていても忘れてしまうこともあるので、客観的に気づかせてあげればOKです。

　それと、テレビや動画を見ながら支度していたら遅くなるのは当たり前。「**支度が終わるまでは電源OFF**」など、基本的な習慣づけをしておくのも大事です。

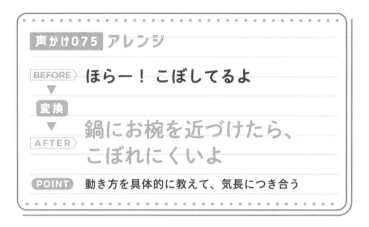

声かけ075 アレンジ

BEFORE▷ ほらー！ こぼしてるよ
▼
変換
▼
AFTER▷ 鍋にお椀を近づけたら、
こぼれにくいよ

POINT 動き方を具体的に教えて、気長につき合う

　せっかく、子どもが料理のお手伝いのやる気を出してくれたのに、ベチャベチャこぼすわ、危なっかしいわ……。

　これも身支度同様、ちょっとしたコツを伝えてあげるとGood。味噌汁をすくう時にこぼすなら「**鍋にお椀を近づけたらこぼれにくいよ**」、鍋に具材を投入する時にボチャン！とお湯がはねて危なっかしければ「**お湯の近くでそーっと手を離してごらん**」（一旦火から降ろすのもGood！）などと、動き方のコツを具体的に教えると「できた！」につながります。

道具と作業環境の工夫

　子どもがなかなかうまくいかない時、その子に合ったサイズ・力加減でもできるように、道具や作業環境を見直してみるといいでしょう。例えば、料理の場合はこんな風に……。

- 踏み台を置く／ものの配置を低めにする／動線を確保する
- 子ども用の利き手に合った包丁などの道具を用意する
- 適度な重さ・大きさのフライパンを使う
- まな板の下にぬれ布巾を敷いて、すべりにくくする……など

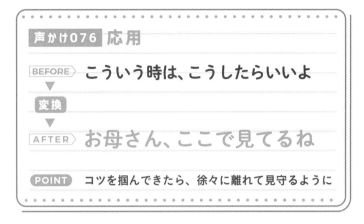

何ごとも、子どもがその動きのコツを掴めてきたら、親はだんだんと離れながら見守るといいでしょう。

もし、こちらを不安そうに見たら、アイコンタクトや「**うん**」と軽くうなずくなどで勇気づけると Good ！

そうやって最初から最後まで自分でできるまで、近くで親が伴走してあげると「自立」に一歩ずつ近づけます。

舞台の裏方、黒子の法則

「黒子」というのは、演劇などの舞台裏で俳優さんにコソッとセリフを教え、目立たずにサッと小道具を入れ替え、時には二人羽織で一心同体になる、なくてはならない影の立役者です（「プロンプター」とも言います）。

私は、親は主人公を動きやすくするための、この裏方の「黒子」のようなものだと、よく思います。

少々不器用さんでも、親が黒子のように子どもの後ろから手を添えながら動きのコツを教えると、ボタン留め、蝶結び、コンパス回しなども、よりスムーズにできるようになります。

声かけ077 キホン

BEFORE 早くしなさい！
▼
変換
▼
AFTER ゆっくりでいいよ

POINT 安心させてスピードアップ。イライラしたら見ない

　せっかちさんには、マイペースな子を「待つ」ことほど、ハードルの高いお仕事はないかもしれませんね。ましてや親も余裕がない時にはなおさらというもの。

　でも、物事をテキパキとこなすのが苦手な子やあれこれ気が散ってしまう子は特に、プレッシャーを感じると余計に脳の処理速度がスピードダウンすることもあります。

　ここは、「**ゆっくりでいいよ**」「**待ってるよ**」「**大丈夫だよ**」など、安心させる声かけを意識してみるとGood！

　落ち着いて取り組むことで、かえって早くなることもありますし、ほんの数分程度遅れたところで、大きく差し支えることなんて日常生活の中でそんなに多くはないはず。

　それでも、モタモタしている子をそばで見ていると、もどかしくてイライラしちゃう時は、あえて「見ない」のもテ。

　「**終わったら教えて**」と伝えてからちょっと離れ、たまった洗濯物をたたむなど、別のことをしながら待ち、生産的な時間を過ごすといいでしょう。

時短の工夫

　忙しい朝も、時短の工夫で1分でも2分でも節約できれば、その分子どもを待ってあげられます。例えばこんな風に……。

- 子どもの着替えと持ち物は前の晩に揃えて置いておく
- 朝食は用意が簡単で、スルッと食べられるものを中心に
- 玄関に帽子、上着、ハンカチ、傘などを置いておく……など

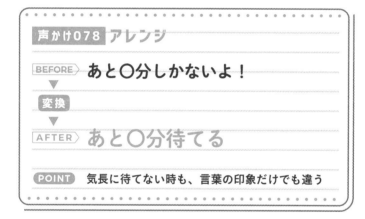

声かけ078 アレンジ

BEFORE あと〇分しかないよ！
▼
変換
▼
AFTER あと〇分待てる

POINT 気長に待てない時も、言葉の印象だけでも違う

　朝の登校班の出発時間などに差し支えて、そんなに気長に待てない時でも、伝え方を「待てる」ほうに変換すると、落ち着いて取り組めることもあります。

　緊張すると体の動きが固くなりがちなので、本人が受ける言葉の印象が違うだけでも、少し動きやすくなるんですね。

　それと、登校班の友だちを待たせるのが心配な時には、上級生の班長さんなどに「**うちの子が遅くなっても、〇時〇分になったら出発してね**」（各学校のルールを参照のこと）など、あらかじめ一言断りを入れておくと、親も気がラクになります。

合理的に伝える

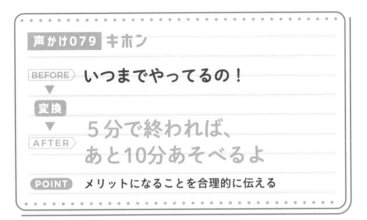

声かけ079 **キホン**

BEFORE **いつまでやってるの！**

変換

AFTER **5分で終われば、あと10分あそべるよ**

POINT **メリットになることを合理的に伝える**

　子どもは大抵そうでしょうが、好きなことへのこだわりが強い子や興味関心次第で集中力にムラがある子は特に、自分があまり興味の持てないことには（例えば、漢字書き取りの宿題や、掃除・片づけなど）、積極的になれなくて、ダラダラと時間がかかったり、気が散ってしまうこともあるでしょう。

　まあ、大人だって、気の進まないことには時間がかかりますものね（例えば、PTAの非効率的な作業とか……）。

　こんな時は、本人は「ムダ」「ツマラナイ」と思っているでしょうから、ソントク勘定でもいいので、その子にとって少しでもメリットになることなどを、「〇〇したら、〇〇できる」というカタチで伝えると、モチベーションUPです。

　この時、合理的に物事を考える理系タイプには、具体的な数字や図や表なども使って、ロジカルに伝えるとなおGood！

　子ども自身がメリットを感じることができれば、ササッと取り組めることって、結構あると思いますよ。

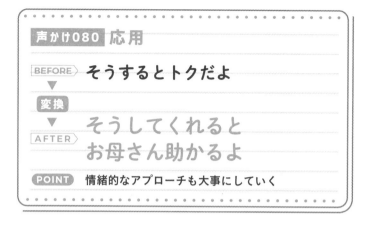

声かけ080　応用

BEFORE　そうするとトクだよ

変換

AFTER　そうしてくれると
　　　　お母さん助かるよ

POINT　情緒的なアプローチも大事にしていく

　合理的な子がいる一方、情緒的なことを大事にする子は、ソントク勘定や具体的な数字はかえって引いてしまうことも。

　例えば大人も、「100万個爆売れ！」と書いてある山積み商品より、「残りわずか」と控えめにあるほうが、なんだか買って応援してあげたくなる方もいるのではないでしょうか。

　こんな情緒豊かな優しい子には、「〇〇してくれると、〇〇さんが助かる」「みんな喜ぶよ」「部屋がキレイになると気持ちいいね」など、気持ちの上でのプラス面を伝えていくといいと思います。

　また、（少々欲を言えば）合理的なタイプの子にも、情緒面が育ってきたら、少しずつ「世の中、すべてがソントクだけでは回っていない」ことを伝えていくのも大事でしょう。

　例えば、「落ち葉が詰まると雨水があふれちゃうから、こうしておくと、お隣のおじいちゃんも助かると思うよ」と、一緒に近所の側溝の掃除をする、など。

　誰かの役に立ったり、お互いに助け合ったりすることにも次第に目を向けていけるように、論理的な理由も説明しつつ、親がお手本を見せながらリードしてあげると、なおいいんじゃないでしょうか。

Q 発達障害の診断がありますが、通常学級の中で合理的配慮をお願いするにはどうしたらいいですか?

A まずは「ちょっとした配慮」で「できた実績」を積み上げる

2016年より施行された通称「障害者差別解消法」により、例えばLD（学習障害／学習症）のある子が、授業中の教科書の読み上げや文字入力などでのIT機器の使用、受験の際のパソコンの使用、別室受験、代読・代筆、試験時間の延長などの「合理的配慮」を求めることが、できるようになりました。

一方、現実的には、先生方の長時間労働や人手不足などで「過度な負担」に思われたり、地域・学校・先生によって発達障害への理解・支援体制に格差があったり、あるいは、通常学級の中で配慮をお願いすると「〇〇君だけズルイ」と言われてしまう、などで必要な配慮を受けにくい場合もあるでしょう。

私のオススメは、まずは、あまり学校側の負担にならない程度の「ちょっとした配慮」「さりげない配慮」を丁寧にお願いして、「できた実績」を積み重ねていくことです。

お願いする時のコツは、**「集中できない時は『今、〜しているよ』と声かけしていただけると助かります」** など、手軽な声かけなどから、具体的に提案してみると Good。

サポートグッズを持ち込みたい場合は、**「宿題の時、バランスクッションに座ると落ち着いていられるので、教室にも持ち込ませていただけないでしょうか」** など、家庭で用意し、十分使い慣れてから「家ではこうするとできる」という実例を伝える……なども、比較的理解されやすいでしょう。ちょっとしたことでも、負担が減ればできることは沢山ありますし、「〇〇君は、こうすればみんなと一緒にできる」といった実績が増えると、学校側の理解も得やすくなっていくと思います。

興味関心に合わせる

Step **45**

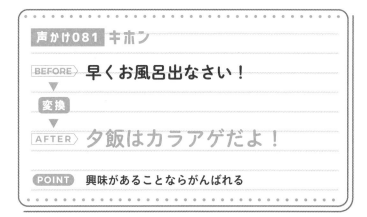

声かけ081 キホン

BEFORE 早くお風呂出なさい！

▼

変換

▼

AFTER 夕飯はカラアゲだよ！

POINT 興味があることならがんばれる

　親にも都合があるので、子どもがダラダラとしてなかなか次の行動に移れないと困ってしまうこともありますよね。

　でも、子どもは、「興味があることなら、がんばれる」「スグに行動できる」ことが多いもの。ゲンキンなんです。

　例えば、子どもがお風呂からなかなか出なくて、家族揃っての夕飯の開始が遅れそう……なんて場合。

　もし、おかずの中にその子の好きな食べ物があれば、**「夕飯はカラアゲだよ」「5個入り。早い者勝ち」**とか。もし、その子に好きなアイドルがいれば、**「テレビで今、○○ちゃんが出てるよ」「もうすぐ○○君のドラマが始まるよ」**などと言うと、血相変えて飛んで来るかもしれません。

　興味や関心は、生きる上でのエネルギー源のようなものでしょう。本当に深刻なうつ状態の人は、何ごとにも興味関心が持てなくなってしまうのですから……。

　子どもが興味関心のある情報は、少々めんどうくさい時や腰が重い時でも、背中を押してくれます。

CHAPTER 3 子どもに伝わる声かけ

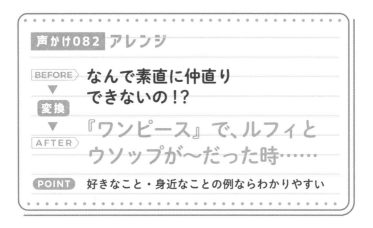

声かけ082 アレンジ

BEFORE
なんで素直に仲直り
できないの!?

変換

AFTER
『ワンピース』で、ルフィと
ウソップが〜だった時……

POINT 好きなこと・身近なことの例ならわかりやすい

　親の正論やお説教には興味が持てなくても、その子の好きなことや身近なことに例えてわかりやすく説明すると、情報が頭の中・心の中にスンナリ届くと思います。

　友だちとケンカした時の仲直りの仕方から、社会のしくみや生きていく上で大事なことまで、よく知っている身近なもので例えれば「あー、なるほどね」と腑に落ちやすいんです。

　その子の大好きなマンガやアニメ、憧れているスポーツ選手やモデルさんのエピソード。あるいは、石に興味が高い子には石の話、歴史が好きな子には武将の話などのマメ知識で例えれば、少々複雑な話にも耳を貸してくれるかもしれません。

　また学習面でも、教科書中心の受動的な授業では「ツマラナイ」と感じる子も、**「冬にパパのメガネが真っ白に曇っている時があるでしょ？　あれと同じでね……」**などと、日常生活の中での身近な例や、「あるある」の実体験を引き合いに出すと興味を引くことができ、好奇心が刺激されて、真剣に耳を傾けてくれることも（ちなみに、本書の「子育ての法則」コラムも、同様の意図で身近な例でお伝えしています）。

　子どもの興味関心や身近な物事で例えるには、日頃から子どもの世界にアンテナを張っておくといいでしょう。

難易度 ★★★ 楽々子育て相談室

Q 好きなことなら集中できるのですが、学校の成績が良くありません。最近は、勉強自体がイヤになってきたみたい……

A その子に合った学び方なら「できる子」だと心から信じる

興味のないことには集中できないADHDタイプ、特定の分野にだけ関心が強いASDタイプ、一斉一律の集団教育の学習スタイルに合わないLD傾向のある子などを始め、「『その子に合った学び方』なら、もっと勉強ができる」という子は、世界中に本当に沢山いる！……と、私は確信しています。

こういった子達は、学校の「みんなと同じ」やりかたではうまくいかないことが多く、できない体験を積み重ねがちです。

成績上の問題だけでなく、そのことで周りの叱責、大量の宿題や塾通いの負担、友だちにバカにされる……などでつらい経験が続くと、本来は学ぶ意欲にあふれた子でも、次第に勉強自体にネガティブなイメージができてしまいます。

こんな子は、「その子に合った学び方」を、時間をかけて興味関心を中心に親が一緒に探ってあげると活路が見えてきます。

まずは、その子の日常生活をよく観察し、例えばゲームが好きな場合は**「特にどんなジャンルのゲームが好き？」** と詳しく聴き、「シミュレーション系」なら戦略歴史モノを買い与えてみる……など、知的好奇心を刺激する試みがGood。

ほかにも、最も集中している時間は何か？ 今ハマっていることは何か？ 成績表の中でも比較的マシな教科は何か？ 小さな頃夢中になっていたあそびは何か？ などの情報からも、「その子に合った学び方」のヒントが見えてきます。

そして何より、見かけ上のテストの点や成績表の評価に惑わされずに、その子に合った学び方なら「できる子」なのだと、親が心から信じてあげることが、本当に大切なのです。

CHAPTER 3 子どもに伝わる声かけ

擬人化する

声かけ083 キホン

BEFORE
オカズ、こぼしてるよ！

変換

AFTER
ニンジン逃げた！捕まえて!!

POINT 発想を転換して、ユーモアで切り返す

　子どもの興味を引くには「擬人化する」というテクニックもあります。発想を転換して視点を変えて、ちょっとだけ伝え方を工夫してみると、楽しくできること、やる気が出ること、立ち直れることは、結構あると思います。

　特に子どもが何か失敗した時には、ユーモアで返してあげると、気持ちの切り替えもしやすくなります。例えば……

- 身支度がなかなか進まない時→「ウサちゃんの靴下が、『〇子ちゃん、一緒に連れてって』って言ってるヨ」
- 料理のお手伝いをして欲しい時→「トウモロコシの服を脱がせてくれない？　……いやん、ヤメテ、エッチ〜！」
- 転んだ時→「地球が〇次郎とちゅーしたかったんだね」

　……などなど。

　日頃から、大好きなぬいぐるみに布団をかけてあげるなど、子どもが愛着しているモノは家族同様に扱ってあげると、自分がされるのと同じくらい、嬉しく感じると思いますよ。

擬人化しながら親子会話する

　では、擬人化しながら親子会話する高等テクの具体例を。

　例えば、子どもが寝る前のハミガキをなかなかしない時には、こんな風に寸劇を演じると、天邪鬼ちゃんも素直に動いてくれるかもしれません。

「あれ？　ちょっと口開けて見せて！」

「あーん？」（口を開ける）

「あー！　ムシ歯キン達が喜んでる。『今日はごちそうだ、ヤッター！　ハンバーグ、ありがとう』だって」

「ホント？」

「うん。『今、みんなで楽しくパーティやってるから、ハミガキしないでね』って言ってるよ」

「えー！」（ハミガキを始める）

『うわあ、ヤメテー！！　ボク達は〇子ちゃんが大好きなんだよ、ずっと一緒にいたいよ〜、ハミガキしないで！』

（シャカシャカシャカ……）

『みんな、大変だ！　隅っこに隠れろー！　ここなら見つからないゾ』（口の中をよく覗き込んで）……あ！　ここの歯の間と、奥歯の裏に隠れてるッ！」

（シャカシャカシャカシャカシャカ！）

『ギャー！　流さないでー！　一緒に暮らそうよ〜』

（ブクブク、ぺ）

『うわあああああ……アボボボ 』

「もう、いない？」（歯を見せる）

「うん」

（にんまり）

　……これにて、一件落着です（笑）。

体のパーツに名前をつける

　小さな子の身の回りのお世話（身支度や看病、ケガの手当てなど）や、ちょっとした警告を与える時なども擬人化は◎。

　子どもや自分の体のパーツに名前をつけて話すと、楽しみながらスムーズに身支度やケアができたり、親が言いたいことをユーモラスに伝えたりすることもできます。例えば……

- 子どものおへそに「おへそちゃん」と名づけ、**「おへそちゃんが寒いって」**と肌着を着せたり、布団をかぶせたりする
- カゼ気味の時に、**「おへそちゃんにもしもしさせて。もしもし～？」**と、お腹に耳を当てて音を聞く
- 自分の三段腹を「オニ」に見立て、つまんで口を動かして、低い声で**「遅くまで寝ない子はいねェがあ～！」**と腹芸
- 肌が荒れている子の肘やカカトの「ガサガサ君」達に、**「みんな、保湿クリームを塗ってあげるよ～、並んでー」**

　……など。ね？　擬人化テクって結構使えるでしょ？

　私も、雨の日には**「おひさまが、今日は洗濯を休んでいいですよ、って言ってる」**とか、炊飯ジャーのスイッチを入れ忘れたら、**「今日は炊飯ジャーがごはん作りたくないんだって。しょーがないから宅配ディナー頼もうか」**なんて、都合よく家事をサボる言い訳にも使ってますけどね（笑）。

クイズにする

声かけ084 キホン

BEFORE ▶ **ランドセル、忘れてるよッ！**

変換 ▼

AFTER ▶ **クイズです。学校に行く時に
必要なモノはな〜んだ？**

POINT **クイズならうっかりさんも楽しく気がつく！**

　もうひとつ、どんな子にも使える楽しい声かけテクは、「クイズ」です。

　特にうっかりさん、あわてんぼさんには、忘れ物などもクイズ形式で楽しく気づかせたほうが、何度も注意・叱責するより効果的かもしれません。

　例えば、朝バタバタと慌てて手ぶらで登校しようとする子には、「**クイズです。学校に行く時に必要なモノはな〜んだ？**」と聞いてみると、ハッと気がつくでしょう（「給食セット、オンリー」などと返ってくる時もありますが……）。

　ほかにも、「音楽の時に使う道具は……1.リーダー　2.リコーダー　3.ちくわ　ど〜れだ？」と選択式にしたり、「プールの時に、はいてないと女子達に『キャー！』と言われるモノ、なーんだ？　ヒント：『キャー！　素敵♡』って意味じゃありません」と、ヒントを出したり。

　朝は親も余裕がなくて、どうしてもピリピリしがちですが、ちょっとしたクイズなどを出すだけで、空気も変わります。

忘れ物防止の工夫

　毎日同じ忘れ物をするのがパターン化している場合には、クイズを玄関のドアに張り紙したり、スマホのアラームやリマインダーの音声に声かけを入れて省エネするのもテです。

　また、持ちもの（登校時・下校時）、提出物（宿題・プリント・PTA総会の出欠表・集金など）の忘れ物の多い子には、例えばこんな工夫もできます。

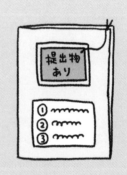

- ランドセルのフタの裏に「持ち帰りリスト」を作って入れる
- 連絡袋にパスケースとカードでタグをつけ、大事な提出物がある時はカードを裏返し、目立つ色で「提出物あり」と表示
- 教科一式（教科書、ノート、ドリルなど）の背表紙に「国語は赤、算数は青」など、色分けシールを張って揃えやすくする
- 100円ショップのトレーなどで「**もらったプリントは、帰ったらスグ、とにかくココに入れる**」場所を作る
- 道具箱に予備の筆箱一式とノートを入れておく
- 中高生は、透明ペンケースなどに、ふせんやメモ帳で「宿題・提出物・持ち帰りチェックリスト」を自分で作って入れる
- 学校のロッカーに「**置き勉**」できるようにお願いする
- 手首にバンソーコーで「**集金出してね**」と愛のメッセージ

Q 子どもの忘れ物があまりに多いので、親が学校の時間割を揃えています。過保護でしょうか？

A その子の個性と状況次第でアリ。ゆっくり手を離せばOK！

「つい、うっかり」が多いタイプのお子さんは、どうしても忘れ物が多くなってしまいますよね。

よく言われる「本人が困る経験をすれば、忘れなくなる」は、あくまで「周りを見て、自然と学ぶ」「失敗すれば、気づく」ができるタイプの子の話。そもそも周りに気づきにくい子は「困った、次は気をつけよう」とは、いきませんよね。

でも、ここで心配なのは、本人が忘れ物をすることよりも、そのことで先生から度々注意や叱責を受けたり、その姿を同じクラスの子達が毎日目にしたりすることです。

また、こんな子は、それ以外の場面でも注意・叱責を受けがちで、怒られてばかりでは学校自体がつらくなることも……。

ですから、こういった状況を避け、1回でも2回でも学校での注意・叱責を減らすために、「当面の間」、親がさっさと時間割を揃えてしまうのもアリ。

私はこれを「過保護」だとは思いません。

ただし、「大人になってまでも、ずっと親が支度してあげる」というワケにもいきませんよね。ですから、余裕のある時だけでも、子どもと一緒に時間割を揃えてあげたり、まずは本人がやってみて後から親がチェックしたりしながら、だんだんと自分一人でできるようにゆっくり手を離していくといいでしょう。

例えば、うちでは教科書類を全部床に広げ、「かるた」のように私が時間割を読み上げて、楽しく揃えたりもしましたよ。

周りからの必要以上の叱責を減らし、その子のできることを増やすための手助けは、過保護ではなく「サポート」です。

声かけ085　キホン

BEFORE ▼
もう、そろそろ終わろうよ！

変換 ▼

AFTER
ほら見て。
残り時間はこれだけね

POINT　「目に見えないモノ」はピンと来ない

　時間、空気、暗黙のルール、心……などから、道具箱の中まで、「目に見えないモノ」が意識しにくい子は結構います。

　こんな子にとっては、「見えないモノはないのと同じ」なのだそうです（うちの長男・談）。

　このタイプは、逆に言えば「目からの情報には強い」ことが多く、見えないモノは「見える化する」のがキホンです！

　社会的なルールや人間関係での声かけは、CHAPTER 5で詳しくお伝えしますが、ここでは時間管理への基本対応を。

　例えば、子どもが夢中であそびに没頭していて、次の予定に差し支えそうな時、「そろそろ」などではピンと来ません。

　残り時間の量が、ゲージ表示でひと目でわかるように工夫されている市販のタイマー、スマホのタイマーアプリ、砂時計など、「時間が見える」モノを**「ほら見て」**と、併用しながら伝えると、見て納得しやすいでしょう。

　また、このタイプには「見える収納」もGood。道具箱には透明のプラケースなど、中身が見えるものがオススメです。

時間を意識する工夫

残り時間の「見える化」の工夫例

- アナログ表示の時計の隣に、100円ショップの紙時計や電池を抜いた時計で「終わりの時刻」を見せたものを並べる
- 置き時計のアクリルのカバー面に、ホワイトボード用のマーカーペンで、開始や終了時刻を直接書き込む

時間の「聞こえる化」の工夫例

- スマホやスマートスピーカーで、アラームやリマインダーを設定し、「5分前」「1分前」など、カウントダウンする
- 「5分間お片づけタイム」などの間、決まった音楽を流す

日常生活で時間を意識する工夫例

- 炊飯ジャーや洗濯機、お風呂のお湯張りなど、決まった時間に家電のタイマー設定
- PC、携帯ゲーム機、スマホなどの電子機器を、決まった時間に電源のON/OFFや、アクセス制限がされるように設定
- 家族が毎日同じ時間に同じことをし、子どもに役割を与える（朝〇時に出勤・登校する家族に「行ってらっしゃい」と言う、夜〇時に「消灯係」や「鍵かけ係」を任命する、など）

　子どもが時間を意識できるように工夫していくと、日常生活が全般的に落ち着いてくるので、オススメです。

　生活リズムが安定すれば、心身も安定しやすくなります。

閉店追い出しモードの法則

　ちょっとだけ、閑話休題の思い出話を。

　私が学生時代にアルバイトをしていたCDショップでは、閉店時間になると「追い出しモード」に入り、お客さんにさり気なくお帰りいただく工夫をしていました。

　まず、それまで流れていた店内のBGMがフェードアウト。

　お決まりのドヴォルザークの「遠き山に日は落ちて～♪」とともに、照明をだんだんと薄暗くしていき、バイトが清掃を始め、店長は小銭をワザとジャラジャラさせながらカネ勘定を。

　……大半の人はこれで帰りますが、好きなアーティストの試聴に夢中で、「空気が読めない人」も、ある程度います。

　すると、ドヴォルザークは大音量になり、照明は端から消えだし、バイト達は次々と上がり、いつの間にか中年のオッサンの店長と二人きりに。

　……さすがに、これならみなさん、慌てて帰ります。

　でも、ついにドヴォルザークも消えた無音の店内に、ぽつんとスポットライトが当たる中、プログレ音楽の試聴コーナーに居座り続けた「ツワモノ」の学生さんが一人だけいました。

　店長は「ああいう人は、大物になる」とポツリと言い、その人の肩をポンポンとた叩き「もう、帰りましょう」と促すと、その学生さんは、そこで初めて自分の周りの状況にハッと気づき、ものすごくビックリしていたんだそう。

　「空気に負けない」のも、ひとつの才能かもしれませんね。

言葉の見える化

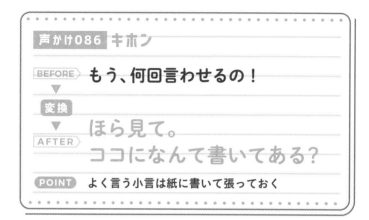

声かけ086 キホン

BEFORE **もう、何回言わせるの！**

変換

AFTER **ほら見て。
ココになんて書いてある？**

POINT よく言う小言は紙に書いて張っておく

子どもに口酸っぱく、何度も何度も同じことを言ってるのに、ちっとも耳に入っていかなくて、時々ふと徒労感を感じてしまう……という方もいるでしょう（私もです！）。

でも、うちの長男曰く、「言葉は消えていっちゃう」とのこと。だから、何度言われても覚えていられないみたいです。

だったら、消えていかないように「言葉の見える化」を。

人の話は聞いていなくても、目からの情報に強いタイプの子は、言葉が見えればちゃんとわかってくれるはず。ちょっと面倒ですが、口で100回言うよりは効率がいいでしょう。

よく言う小言は紙に書き、その小言をよく言う場所の必ず目に入る位置にペタッと張っておけばOK！　便座のフタや裏、部屋や玄関のドア、テレビ画面のフチなど……。

ただし、できるだけ「○○しない！」より「**○○してね**」とやっていいことを書き、同時にイラストや写真、図やマークなども添えると、さらに目を引いて効果的！

そうすれば、あとは「**ほら見て**」と指差すだけで済みます。

CHAPTER 3 子どもに伝わる声かけ

言葉を見えるようにする

言葉の「見える化」の工夫例

- 「おうちルール」やメッセージを、紙やテープに書いて張る
- 家の中に市販の標識（「さわるなキケン！」など）やステッカー（ハミガキや手洗いのしかたなど）を活用する

- 学校のからのお便り（保健だよりなど）やパンフレット（防犯・防災・交通マナーなど）などの切り抜きを壁に張る
- 公共施設・お店などの、標識・看板・掲示物などの注意書きを指差し、**「ほら、ここに書いてあるよね」**と確認
- 紙などに筆談しながら話す（この時、図や表、フローチャート、イラスト、数字なども入れるとわかりやすい）
- そのことについて詳しい本やマンガ、図鑑などを**「この本のココにも書いてあるけどさ」**と、見せながら話す
- 「ルールブック」を作り、子どもと話し合って決めた約束ごとなどを書いておく
- 親からの「愛のお手紙」を切々と書く（メール、メッセージで送信でもOK）

　あと、もうひとつ大事なこと。張り紙などを子どもが見慣れて風景の一部になってくると、だんだん見落としがちに……。

　そんな時は、新しく書き直したり、位置や色を変えて見た目に変化をつけてアップデートするか、別のアプローチで試してみるといいでしょう。

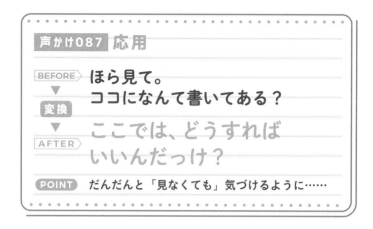

声かけ087 応用

BEFORE
ほら見て。
ココになんて書いてある？

変換

AFTER
ここでは、どうすれば
いいんだっけ？

POINT だんだんと「見なくても」気づけるように……

「こういう時はこうする」「その場所ではこうする」が、だんだんと定着してきたら、子どもが注意書きなどを見る前に気づかせ、そこでのルールを思い出せるとなおいいでしょう。

例えば、「飲食禁止」の場所でジュースを飲もうとしていたら「**ここでは、飲み物はどうすればいいんだっけ？**」と声かけ。それでも気づかない場合には、注意書きを指差せばOK！

だんだんと「言わなくても」「見なくても」、気づけるようにしていくと、小言の出番も減っていくでしょう。

また、「言葉が消えていってしまう」子がいる一方で、耳からの情報に強い反面、「言葉が忘れられない」子もいます。

大事な情報と不要な情報の分別が苦手なため、こういう子にお説教を延々と続けると、予想以上にダメージを受けてしまうこともあります。

ここは、要点を絞ってシンプルに一言だけ伝えたり、最後に「**大事なのはコレだけ！**」と、ビシッとまとめるとGood。

紙などに要点を整理し、箇条書きにするのもいいでしょう。

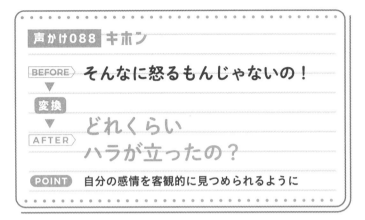

声かけ088 キホン

BEFORE ▶ そんなに怒るもんじゃないの！

変換 ▶

AFTER ▶ どれくらいハラが立ったの？

POINT 自分の感情を客観的に見つめられるように

　自分の感情を客観的に把握できるようになると、セルフコントロール……つまり、自分と上手につき合う力が育ちます。

　そのためには、まずは親や身近な大人が気持ちに共感してあげながら「今、自分がどんな気持ちなのか」に意識を向けるクセをつけていくといいでしょう。

　ただ、子どもは自分の気持ちがよくわからなかったり、今知っている言葉で十分表現できず、なかなか上手に相手に伝えられないこともあります。ましてや、泣いたり怒ったり、不安になったり、混乱していたりする時はなおさらです。

　そんな時は、少し落ち着いてから、「**どれくらいハラが立ったの？**」と、その気持ちの強さを聞いてみるとGood！

　その時、「気持ち」という目に見えないものを、スケール、絵やイラスト、表情やボディランゲージ、数値などを使って「見える化」しながら、自分の言葉でアウトプットできると、「**それくらいイヤだったんだね**」と、相手に自分の気持ちが正確に伝わったことで安心しやすいと思います。

気持ちを見えるようにする工夫

　気持ちの「見える化」には、「スケーリング」という方法が効果的です。数値化することで、今のその気持ちがどの程度の強さなのかがわかりやすくなります。

　モノを使う工夫例は……

●身近にある温度計や定規などを使って「MAXハラが立った時がココで、フツーの時がココだとすると、今はどれくらい？」と聞きながら、指し示してもらう

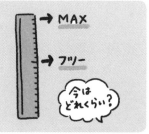

イラストを仲介しての会話や、自分で絵を描く方法も。

●イラストつきで「気持ちの一覧表」を作り、それを見せて「今どんな気持ちだと思う？」と聞きながら会話する
●子どもが「今のキモチ」の絵を自由に描き、見ながら会話する

手近に都合のいいモノがない時には、こんな方法も。

●ボディランゲージで指を小さくつまんだり、両腕を広げてみて「こんくらいイヤ？　それともこ〜んくらい？」と聞く
●過去の経験を参照して「1年生の運動会のリレーで負けた時を10とすると、今の悔しさはいくつくらい？」など、すでに本人が乗り越えられたことと比較して口頭で数値化

気持ちと表情を一致させるワーク

　もし、親子の気持ちのスレ違いが多くて「なんだか伝わらないな」と感じることが多い場合には、

> ● 子どもが相手の表情を正確に読み取ることが苦手
> ● 親の表情と感情が一致していなくて、わかりにくい

　……などの理由（あるいは、その両方）も考えられます。
　まずは、自分の気持ちと表情が一致しているか、鏡を前に次のような点をチェックしてみるといいでしょう。

> ☑ 笑ったつもりでも、相手にも笑っているように見えますか？
> ☑ 怒ったつもりでも、笑っているように見えませんか？
> ☑ 嬉しい時と悲しい時で、表情の使い分けができていますか？

　もし、自分の気持ちと表情が一致していないことが多ければ、これが誤解やスレ違いのモトかもしれません。
　特に、小さな子や、相手の表情から感情を正確に読み取るのが苦手な子には、あいまいでビミョーな表情は、より一層わかりにくく感じられるでしょう。
　鏡やスマホの自撮りでチェックしながら、わかりやすい表情の練習をすると、コミュニケーション力がグッとUPします。

> ● 口を大きく開けて「あ・い・う・え・お」の動きをする
> ● 口角を上げ下げする、目尻や眉間にシワを作る、眉を上下に動かす、アゴにウメボシを作る……などで「顔の筋トレ」
> ● 目の動きを意識して、「ニッコリほほえむ」「興味深そうに見つめる」「迷惑そうに困る」「不愉快そうにジロリとにらむ」などが、自由自在にできるようになるまで練習！

　あとは実践あるのみ！　表情豊かだと印象も素敵ですよ。

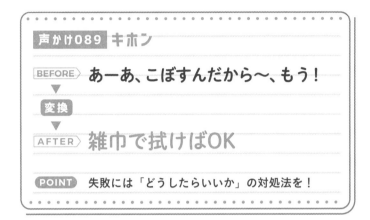

声かけ089 キホン

BEFORE あーあ、こぼすんだから〜、もう！

変換

AFTER 雑巾で拭けばOK

POINT 失敗には「どうしたらいいか」の対処法を！

人間、生きてりゃ失敗します。精密な機械ですら、故障した
りバグッたりするくらいですから。ましてや、未完成な子ども
となれば、なおさらでしょう。

やってしまった失敗を責めるよりも、一刻も早くそこからリ
カバリーできるほうが生産的です！

例えば、子どもが悪気なく、食卓のお茶やお味噌汁などをこ
ぼしてしまったら、「**雑巾で拭けばOK**」「**食器を流しに持って
行ってくれる？**」など、できるだけ自分で対処できるように、
具体的に声かけするといいでしょう。

最初は親が一緒に後始末をして、お手本を見せるとGood！

慣れてくればそのうち、「**ハイ、どーぞ**」と雑巾渡すだけで
済むようになると思いますよ。

失敗に対して「どうすればいいか」がわかってくれば、子
どもも落ち着いて行動できますし、自分で片づけてくれれば、
せっかくごはんを作った親のハラの虫も多少収まりますね。

失敗に強くなれば、人生コワイものが減っていきます。

「失敗マニュアル」とお掃除セット

　失敗への対処を、親がその都度教えるのも大変なので、「失敗マニュアル」を作って置いておくと結果的にラクです。

　特に、不器用な子や「臨機応変に」が苦手な子、失敗に対して抵抗感が強い子なども、安心して失敗できるようにすると行動の幅が広がるので、オススメです。

失敗マニュアルの例

● 「失敗した時は、こうすればOK」という対処法を書いたカード集やリストを作り、失敗したらそれを見ながら対処する

● 家電の取扱説明書から、使いかたや禁止事項の図入りのページをコピーして、家電本体や壁に張る

　また、モノの工夫で、失敗の予防とリカバリーができます。例えば、食事中によく汁物などをこぼす場合にはこんなことも……。

● ほうきとチリトリのセット、雑巾・ウェットティッシュ、ゴミ箱などの「お掃除セット」を食卓の脇に置いておく
● 滑り止めつきのランチョンマットやコースターを使う
● 汁物のお椀やコップの定位置を、テーブルの奥側にする
● 外食の時は、タオルを複数持参する　　　　　　……など

Q 子どもが極端に不器用過ぎて、失敗ばかり。「なんでこんな簡単なことができないの」と思ってしまいます……

A 極度の不器用さは、DCDがある可能性も視野に入れて

実は、よくある「不器用」「運動オンチ」なども、極端な場合には発達障害のひとつであるDCD（ディスプラクシア、発達性協調運動障害）の傾向がある可能性もあります。

DCDは、まだあまり一般の認知度が高くないため、周りに気づかれないことも多いようです。学校生活では特に字を書くことに時間がかかったり、運動や実技教科などが不得手で成績全般に影響することもあり、自信を失う経験が多くなりがちです。何より本人が一番、「なんでこんな簡単なことができないんだ！」と、がんばってもできない、思い通りに動けない自分自身に苛立つことも多いでしょう。

ハリー・ポッター役のダニエル・ラドクリフさんも自身にDCDがあることを公表しており、学校ではできないことが多くてつらかった経験が、俳優の道に進む動機になったのだそう。

DCDは生まれつきの体質的なものではありますが、専門家による作業療法などのトレーニングを受けることで、ある程度改善したり、家庭で丁寧に動き方を一つひとつ教えていくと、できることが増えたり、環境や道具を使いやすく工夫することでも、不便さを感じずに過ごしたりすることもできます。

比較的軽めの場合には、家庭で体幹やバランス感覚を鍛える全身運動（バランスボール、水泳、アスレチックなど）をする、目と手の動きの連携を促す市販のワーク、趣味やホビー（機械いじり、プラモデル、レゴ、手芸など）で指先の細かな動きを育てる……などを、ムリなく楽しめる範囲で、気長に少しずつ取り組めば、だんだん動きやすくなるかもしれません。

CHAPTER 3 子どもに伝わる声かけ

目的地を設定する

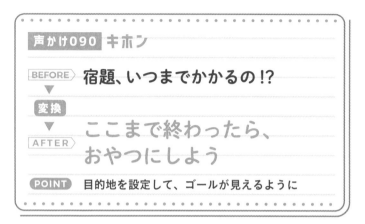

声かけ090 キホン

BEFORE 宿題、いつまでかかるの!?

変換

AFTER ここまで終わったら、
おやつにしよう

POINT 目的地を設定して、ゴールが見えるように

　子どもには、物事を順番通り積み上げる「コツコツタイプ」
と、ひとつのことを多方面から同時にパッと把握して探求する
「ヒラメキタイプ」があるようです（私は、とにかく手や体を
動かしながら考える「実践タイプ」もあると思います）。

　効率重視のヒラメキタイプの子は「なんでこんなことしない
といけないの？」なんて思うと、地道で単調な宿題などには身
が入らないこともあるようです。

　本当はその子に合った学習方法がベストですが、目の前の宿
題を終わらせたい時には、目的地を設定するといいでしょう。
「今日はここまでやる」と決めたページにふせんを張ったり、
「〇時まで、がんばろうか」と時間を区切り、**「終わったらおや
つ」**などで、ゴールが見えるようにすると Good。

　一方、コツコツタイプの子は、宿題の量が膨大に感じられる
と、最初から戦意喪失してしまうことも。

　この場合、プリントを半分に折るなど課題を小分けにし、小
さな目標を達成しながら一歩ずつ前進するといいでしょう。

目的地にたどり着く、学習の工夫

「目的地の見える化」の工夫例

- 夏休みの宿題や定期テストの勉強には、一覧表のリストを作るか、学校のプリントを壁などに張って、終わったらチェック
- 教科書にインデックス・シールで見出しをつける
- 「○○の研究者になるには……」「第一志望の学校に受かるには……」などの目標から、今やることを具体的に逆算して書き出す

課題の手順や、優先順位を整理する工夫例

- 宿題やテスト範囲などのワークや課題のページすべてに、優先順位で色分けしたふせんを張り、終わったらはがす
- 工作などは「1. アイデアをスケッチする　2. 材料を集める　3. 土台を作る……」と、手順の箇条書きメモや工程表を作る

宿題のハードルを下げ、達成しやすくする工夫例

- プリントを半分に折る、下敷きで隠して必要なところだけ出す、ノートに1問ずつ問題を切り張りする、など小分けに。
- 読み書きの負担が大きい場合、親が漢字ノートに下書きを入れる、音読を一緒に読む、などでサポートする

カーナビの法則

　子どもが何かを最後までやり遂げるための声かけやサポートで、私がイメージするのが「カーナビ」です。

　例えば、「今から車で初めての場所に遠出しよう」という時、まずはカーナビで「目的地の設定」をするでしょ？

　この時、目的地までのルートがいくつか示された「全体の地図」と、走行距離や到着予定時刻などが表示されます。

　今からどこに行くのか、どれぐらいかかりそうか、一目で全体像が把握できて、わかりやすいですよね。

　実際に走行し始めたら、音声ガイドが「500m先の〇〇交差点を右折です」と、その都度ルート案内してくれ、高速道路に入れば、I.C.やP.A.が順番にリストで表示されます。

　そして、ちょっと運転に疲れてきたら、「次のP.A.で休憩しよう」などの小さな目標や、「残りあと〇km」などのゴール表示を励みに、なんとかがんばれたりもします。

　それでも迷子になったり、予定外の渋滞にハマったりすれば、ちょっと立ち止まって、現在地を確認してルートを修正したり……。

　そうやってカーナビを活用すれば、私のようなかなりの方向オンチでも、大抵はちゃんと目的地に着きますからね（カーナビに逆らって、裏道ばかり行きたがる人もいますが……）。

　この「カーナビ対応」が、興味がないことにはやる気が出なかったり、物事を途中で投げ出したり、気が散って迷子になったりしやすい子の、声かけやサポートのヒントになります！

Q うちの子は話せば利発さを感じるのですが、学校の授業はラクガキしたり消しゴムを刻んだりして、ツマラナイみたいです

A 家では、好きなことや得意なことを伸ばせる環境を

伝統的な講義型の一斉授業は、「コツコツタイプ」の子達は比較的大丈夫なようですが、「ヒラメキタイプ」や「実践タイプ」の子には「ツマラナイ」と感じられがちでしょう。

本来、「ヒラメキタイプ」の子には、例えば歴史の学習では、教科書通り縄文時代から順番にやるよりも、その子に好きな武将がいれば戦国時代から、戦艦のゲームにハマっているなら現代史から……など、興味のあることや身近なことを入り口に、探求しながら掘り下げるほうが、ずっと頭に入るんです。

「実践タイプ」であれば、モノを使って手を動かすような、実験などを中心とした体感型の学習が合っていると思います。

でも、正直なところ現在の日本の集団教育では、得意分野を活かして一人ひとりの学び方に合わせるのは難しいでしょう（少人数の支援級でも、苦手分野の底上げが中心です）。

今後の教育改革で、探求型の学習やICT教育の導入が進むことで期待できる部分もありますが、現場の先生方の負担が大きいなどの課題も多く、学校が変わるのを待つ間に子どもは成長してしまいます。その子が勉強に対する興味や意欲を失わないよう、家庭でできることを続けるのがオススメです。

例えば、リビングの一角に趣味の専用スペースを作る、必要な道具や書籍を買い揃えてあげる、習い事などでその道のプロに教わる……など、家では好きなことや得意なことを活かし、伸ばせる環境を整えてあげるといいでしょう。また、学習補助としてICT機器を活用、学習内容に関連した体感型の施設（お城や工場見学、科学館など）にお出かけするなども◎。

CHAPTER 3 子どもに伝わる声かけ

できた証拠を集める

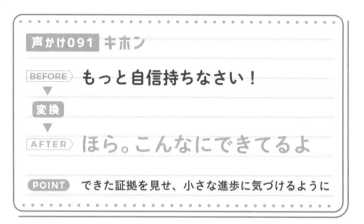

声かけ091 キホン

BEFORE ▼ もっと自信持ちなさい！

変換 ▼

AFTER ほら。こんなにできてるよ

POINT できた証拠を見せ、小さな進歩に気づけるように

　このCHAPTERの声かけで、お子さんの「できた！」が増えることを期待していますが、それでも、子どもはちょっとしたことで凹んだり、いじけたり、不安になったりもしますよね。

　親としては「もっと自信持っていいのに……」と思っても、子ども自身が自分のできないことばかりに目を向けていたら、できることが増えてもなかなか自信につながりません。

　完璧主義の傾向がある子は、なおさらでしょう。

　ここは、「証拠を見せながら」できたことを集めて、自分自身の小さな進歩に気づけるようにしてあげるとGood！

　例えば、運動ができないことを気にしている子には、学校の50m走の記録を見せながら、**「ほら、毎年少しずつタイムが良くなってるじゃん」**と、具体的なデータを証拠にその子自身と比較して進歩に気づかせる、など。

　「柱の背比べ」の印と同じで、自分の成長や進歩がハッキリ実感できることで、「できた！」の積み重ねが確実な実力になって、徐々に本当の自信がついていくと思います。

できた証拠を集める工夫

　子どもの「できた！」を写真や資料、データとして記録し、証拠として残しておくと、その子自身との比較もしやすく、説得力がでます。それには、例えばこんな工夫が……。

> ### 課題の手順や優先順位を整理する工夫例
>
> ● 「できた！」ことだけを集めたスクラップブックや、その日できたことを書く1行日記などの「できた日記」を作る

> ● コルクボードの掲示板や、家庭用 SNS グループを作り、子どものできたことを家族で共有するしくみを作る
> ● 学校のテストやノートを保存しておき、（点数ではなく）**「ほら、前より字がしっかりしてきた」「だんだん計算ミスが減ってきてるね」**と見せながら、小さな進歩をフィードバック
> ● 子どもの絵や工作、習字の作品を壁に飾っておく（量が多い場合や、立体作品などは写真にして残すのも OK）

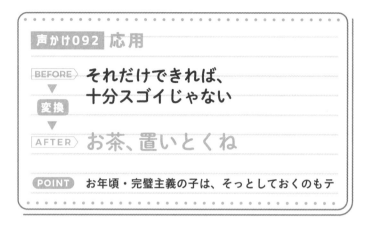

BEFORE
それだけできれば、
十分スゴイじゃない

変換

AFTER　お茶、置いとくね

POINT　お年頃・完璧主義の子は、そっとしておくのもテ

デリケートなお年頃の子や、完璧を追求したいタイプは、身内の採点甘めの賞賛を「ウザイ」だなどと思いがち。

こんな場合には、あんまり根を詰め過ぎないように、「**疲れてない？**」なんて身体を気遣う声かけや、そっとお茶でも置いておくほうがいいかもしれませんね。

「できた！」を増やす、キホンの３ステップ

ここで「できた！」を増やす、キホンの流れの確認です。

> ステップ1. **お手本を見せる**
> ステップ2. **一緒にやる**
> ステップ3. **だんだん手を離す**

なんでもこの繰り返しで、子どものできることが確実に増えていきます。そうしている間に、子どもはゆっくり自立に近づいていき、親のお仕事も少しずつ減って、だんだんラクになっていくと思いますよ。

CHAPTER

ブレーキをかける声かけ

さて。いよいよ「ダメなことはダメ」と伝えていく
ステップです。このCHAPTERは特に、今までの積
み重ねが大事！

「やったらアカン」ことにキッチリブレーキをかけ
るには、親子の愛着と信頼関係を土台に、十分「で
きた！」経験を積んで、ある程度自信がついてか
ら。そうでないと、どんなに言葉を選んでも、子ど
もの心に親の本気がまっすぐ届きません。

もし、この章をやってみて「うまくいかないな」「受
け容れてくれないな」と思ったら、ためらうことな
く前のステップ、さらにその前……と、戻ってみて
くださいね。

目に余れば、怒ってヨシ

声かけ093 キホン

BEFORE コラーッ!!

▼

変換

▼

AFTER コラーッ!!
→一緒に片づけよう

POINT 限度を超える行動には、もちろん怒ってOK

　親の目線を下げて子どもに共感的・肯定的に接することや、怒らなくても伝わる声かけ、それでもできない時の工夫などを、できる範囲でおうちで実践していると、多分、お子さんを「ワザとじゃない」「悪気はない」ことで怒る回数は減りつつあるんじゃないかな……と、期待しています。

　これからはいよいよ、そのラインを超えた「目に余ること」「行き過ぎていること」に対して**「ダメなことはダメ！」**と一つひとつ教え、子どもにブレーキをかけるステップ。

　まず最初に言っておきますが、親も限度を超えれば怒るのは当たり前です。怒っていいです。堪忍袋の緒が切れたり、仏の顔を三度使い果たしたりした時も、もちろん怒ってOK。

「やったらアカンことをすれば、親に怒られる」というシンプルな図式を作りあげておくことは、子ども自身にブレーキをつけていくためには、やっぱり必要でしょう。

　その上で、一緒に後始末や尻拭いにつき合うのが、本当に「優しい親」だと私は思っています。

怒る時のお作法

　本当に、子育てはキレイゴトではできませんから、元気な子どもを前に「一切怒らない」ことを目指すのは、非現実的。

　むしろ「最小限のダメージで、スマートに」怒るためのお作法を覚えておくほうが、きっと実践で役に立つでしょう。

心得その１：一呼吸入れるべし！
大火傷防止のため、頭の中が瞬間的に沸騰したら、ため息でいいので「はぁ〜〜ッ」と長めに一呼吸入れてから、ご出陣を。

心得その２：なるべく手短に！
お説教は１分程度まで。「しゅん……」となったら、潔く退却。じっくり諭したいことは、一旦落ち着いてからに。

心得その３：できれば個別に！
きょうだいや友だちの前での叱責はなるべく避ける。できれば別室に移動／少し離れた位置に変える／親の背中で壁を作る……などの配慮をするのが武士の情け。

心得その４：人格・存在否定の言葉だけは使うべからず！
「悪い子」「ダメな子」など人格の負のレッテル貼りや、「生まなきゃ良かった」「あんたなんて、うちの子じゃない」などの存在そのものを否定する言葉だけは禁じ手。

心得その５：蒸し返さず、引きずらず！
ひとしきり怒った後でも、なかなか怒りが収まらない場合、一旦その場から離れて休戦し、気持ちの切り替えを！（Step06、p.38）。

Q 「怒る」と「叱る」の違いがわかりません。子どもに腹が
立った時、一体どうしたらいいのか、混乱してしまいます

A 行き過ぎれば、どちらも大差ナシ。見かけ上の表現ではな
く、最終的に「許す」方向に注力を

　般的なイメージとしては、「怒る」＝感情をぶつける、「叱
る」＝論理的に諭す、という印象がありますよね。

　確かにやみくもに、親の怒りの感情をそのまま子どもにぶつ
けていいワケではないでしょうが、一方で、過度なお説教も正
論で冷徹に子どもを追い詰めてしまうことがあります。

　だから、行き過ぎればどちらも大差はないと思います。逆に
言えば、行き過ぎなければ、どちらも「多少はアリ」とも。

　また、「絶対に怒ってはダメ」というように、親があまりに
自分の感情をムリに抑え込んでしまうと、子どもは元気でも親
のほうが精神的に参ってしまうといったリスクもあります。

　それに、「行き過ぎたことをすれば人は怒る」ということを
教えるのも大事でしょう。将来、社会に出てからも、世の中そ
んなにできた人ばかりでもありませんから。

　できれば、感情を怒りに任せてぶつけるでもなく、正論で完
膚無きまでにやり込めるでもなく、子どもの話を丁寧に聴き、
「なぜいけないのか」の理由を落ち着いてわかりやすく伝えら
れればベストだと思うのですが、まあ、私もよっぽど調子がい
い時でないと、そこまでできません（笑）。

　ですから、見かけ上の表現よりも、最終的に「**わかったら
OK**」と「許す」方向に気持ちを切り替えて、なるべく早めに
通常運転モードに復旧することに力を注ぐほうが建設的です。
「怒ろうが、叱ろうが、その後どうするかのほうがもっと大
事」と考えると、気がラクなんじゃないでしょうか。

急ブレーキのかけかた

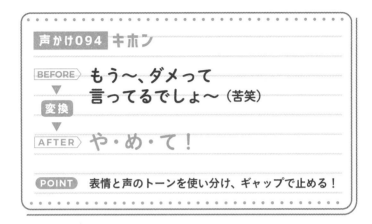

声かけ094 キホン

BEFORE
もう〜、ダメって
言ってるでしょ〜（苦笑）

変換

AFTER
や・め・て！

POINT 表情と声のトーンを使い分け、ギャップで止める！

　子どもが公共の場で走り回る、騒ぐ、悪ふざけをやめない……などの暴走行為をしてしまう時、「ちゃんと注意してるつもりなのに全然聞き入れてくれない！　周りの視線が痛い！」なんて状況は親もキツイですよね。

　子どもが落ち着かない時、背景には様々な理由があると思いますが、取り急ぎ「急ブレーキ」をかけるために、まずは自分の表情と声のチェックから！（Step50、p.164も参考に）

　特に、ついハメを外しがちな子や空気が読めない子は、周りに気づけずに、相手の表情の意味をカンチガイしやすいので、「これはいけないことなんだ」とわかりやすい「表情」＋「声のトーン」＋「短い言葉」で、目と目を合わせて止めます！

　日本人にありがちな、困ったようにあいまいに笑ってソフトにたしなめるのは誤解のモト（「GOサイン」が出ますから）。

　親のブレーキがキッチリ効くかは、日頃の関わりが肝心。

　普段の、フツーに、何ごともなく過ごせている時とのギャップで、親の本気の「**やめて！**」が伝わるはずです。

「ビシッ！とモード」の使い分け

では、もう少し具体的に、親の注意を全然聞かない子に「どんな表情・声でなら、ブレーキがかかりやすいのか」研究を進めますね。「普段とのギャップ」とは……

	ニコニコモード	フツーモード	ビシッとモード
① ！ 気づく	😊	🙂	😠 No!
② ？ わからない	😊	😊	😅
③ ？ わからない	😐	😐	😒

……と、こんな感じ。つまり、①のように「いい時」「フツーの時」との落差が大きいほど、周りに気づきにくい子も「ハッ！」としやすくなります。

でも、いつもあいまいに笑っている②の場合も、いつもムスッとしている③の場合も、普段とのギャップが作れないので「これはいけないこと」だとイマイチ伝わりにくいでしょう。

同様に声も、「ビシッとモード」の時には、普段よりも低めのトーンでキッチリ使い分けると Good。

ただし、「ビシッとモード」は、般若のような形相でヒステリックに怒鳴るのではなく、目と目を合わせて、落ち着いて「シリアスに、真剣に」静かな迫力を出すのがコツ。

以上はキホン形ですが、相手の表情から察することが得意な子は②③でも十分伝わると思うので、適宜ご調整をお願いします。また、性格的になかなか使い分けが難しい方は、パパとママで役割分担するのもいいでしょう。

急ブレーキはほんの一言でいい

　子どもの暴走行為に急ブレーキが必要な時は、まずは瞬間的に子どもを「ハッ！」と立ち止まらせることが第一なので、本当に短くてシンプルな言葉でOK。

　この時、外国人のように軽く首を左右に振ったり、腕でバツを作ったりするなどのボディランゲージを併用すると、よりわかりやすくなるでしょう。

　そして、先述のように、しっかり子どもの目を見て（できれば目線の高さも合わせて）、ビシッ！と「メ！」「NO！」と短く言うのが急ブレーキをかける時のポイントです。

 体を張って止める時の工夫

　それでも子どもの暴走が止まらない時には、もう、親が体を張るしかありません。

- 興奮している子どもをギューッと抱き止める（暴れて親が蹴られそうな場合、後ろから抱きかかえる）
- 人を叩く、モノを投げるといった行為は、拳を大人の両手で包んで封印する、両肩を押さえる……などで動きを封じる
- 殴る蹴るなどは、大人が間に入って壁になり相手から離す、クッションなどをサンドバッグにして受け止める

　ただし、親が止めきれないパワーがある場合や、暴走行為の頻度や程度が度を超えている場合、家庭内で抱え込まずに、医療・支援機関、カウンセラーなどに早めのご相談を。

Q 子どものクラスに暴言・暴力などの問題行動のある子がいます……。あの子、発達障害なんじゃないでしょうか？

A 問題行動＝発達障害ではないけれど、助けが必要なのは同じ

学校などで問題行動のある子のすべてが「発達障害」であるとは限りません。

発達障害があっても優しい子やおとなしい子も多く、また、周りの理解とサポート、家庭でのケア、その子の成長や環境次第で落ち着いていくなどし、問題行動のない子もいます。

逆に、不適切な養育や過去の経験、過度なストレスや不安・緊張などの後天的・環境上の理由から、発達障害がない子でもよく似た特徴が感じられたり、グレーゾーンで診断がつかない子でも、マイナス面がより強く出る場合もあるようです。

ですから、専門のお医者さんでなければ、「本当に発達障害かどうか」は、表面上の行動だけでは判断できません。

また、世間の発達障害への負のイメージが、本当に受診が必要な親子さんを迷わせたり、診断や支援の受け容れ拒否などを助長したりしている面もあります。

……とはいえ、その子の問題行動で実際に我が子に何らかのマイナスの影響があれば、親として心穏やかではいられないでしょう。そして、相手のお子さんも、医学的な理由がなんであれ、現在何かしらの（大人からの）手助けを必要としていることには変わりありません。

本来、適切な医療・支援機関などにつながるといいのですが、相手の親が抵抗なく受け容れられるとは限りませんよね。

ここは、スクールカウンセラーなどに具体的な事実を伝えて相談しながら、お子さんには現実的な「距離の取り方」を教えつつ、学校や周りの人たちと連携できればベターでしょう。

動きを止める

声かけ095 キホン

BEFORE 危ない！

変換

AFTER 止まって！

POINT 「やっていい動き」を強く短く言う習慣を

　小さな子やあわてんぼさんや不器用さんは、何をするのも本当に危なっかしくて、親もちっとも気が休まりませんよね。

「やっていいこと」を伝える技（Step36、p.124）は、こんな場面でも有効です。

「危ない！」だと「じゃあ、どうしたらいいか」イマイチ伝わりにくいので、**「止まって！」「ストップ！」「待って！」**など、「やっていい動き」を強く短く言うと Good。

　こういった声かけはなかなか咄嗟に出ないものなので、日頃から習慣にしておくのがいいでしょう。ただし、道路への飛び出しなど命に関わる時は、言葉だけでは間に合わない可能性もあるので、子ども自身のブレーキがしっかり育つまでは、親が「手を離さない」「目を離さない」のも大原則。

　また、交通誘導員のように、手のひらをピシッ！と向ける、両手を前後・上下させる、腕を踏切の遮断機のようにバーにする……など、ハンドサインやボディランゲージで視覚的な情報を併用すると、より伝わりやすくなると思います。

BEFORE ▶ **走るな！**

▼

変換

▼

AFTER ▶ **前見て！**

POINT 「具体的に」視線を誘導して、周りに気づかせる

好奇心旺盛でよく動く子は、いろんなモノに目移りしてキョロキョロするか、強く興味を惹かれる対象の一点しか目に入っていません。また、空想好きな子は頭の中のマイ・ワールドにいて視界全体がぼんやりしています（私の経験上！）。

つまりは、注意を払って周り全体をよく見てないってこと。

こんな時は禁止の言葉で注意するより、「具体的に」視線を誘導して、周りに目を向けてハッ！と気づかせると効果的。「前見て！」「信号見て！」と、注意を向ける方向や対象物を教えて気づかせるといいでしょう。

人混みでキョロキョロ目移りする時には、**「パパの背中を見て歩こう」「この赤い帽子の人の後ろに並ぼう」「あの牛丼家のカンバンがある角までまっすぐだよ」**など、目標や目印になるものを設定して、視線を定めるとGood。

また、レジャーやイベントなど、混雑した場所にお出かけする時、よく迷子になる子には、子どもに目立つ色や柄の服を着せたり、親がパッと見てわかりやすい色や形のバッグや帽子など、目印になるモノを身につけさせたりするのもテ。

そして、「もし迷子になったら、どうすればいいか」の事前確認も忘れずに……。

家の中・外出時の危険防止の工夫

　危なっかしい子に限らず、予測不能の「マサカ！」なコトをしでかすのが子どもという生き物。また、事件・事故や犯罪などに巻き込まれる危険性はどんな子にもあります。

　何ごとも「絶対大丈夫」はありませんが、安全グッズなどを活用して、できる限りリスクを減らす工夫を！

- 家の中でベビー用品の安全グッズ、防犯防災グッズなどを活用（例：コーナーガード、ドアストッパー、ガラス飛散防止フィルム、チャイルドロックや施錠、駐車場にミラー設置など）
- よく動く小さな子は、リード付リュックやハーネスなど
- GPS付キッズケータイ、ジュニアスマホ、腕時計型端末などの活用（エリア外や帰宅時に通知、位置情報の検索など）
- 近所の人にあいさつ、通学路のチェックや見守り……など

自動車教習所・教官の法則

　子どもが危なっかしく思える時、車の運転免許のある方は、自動車教習所の経験を思い出してみてください。

　子どもは「自分という車」の運転の教習生のようなモノ。

　教習所で、教官から隣で**「ハイ、右見て、左見て」「カーブの手前では、スピード落として」**と声かけされて、危ない時には遠慮なくサイドブレーキを引かれるのと同じ対応でOK。

　子どもにも、まずは親が注意を払うポイントを伝えて、それでもスピードオーバーしたり、危険な行為をしたりしたら、つないだ手をギューッとしてサイドブレーキを引くんです。

　「教習所卒業」までに少々時間がかかる子もいるかもしれませんが、「自分という車」の安全運転のコツを掴めば、いずれ一人でどこへだって出かけて行けますからね。

Q 子どもにADHDの診断があります。でも、なんでこんなに危ないことばかりするのか、内向的な私には理解できません

A ADHDタイプの子は「F1カー」「ジェット機」！

毎日お疲れ様です。今までお子さんが無事に育ってきただけでも、お母さんお父さんが本当にがんばってきた証拠ですよ。ADHDの「H」は、hyperactivityのこと。つまり、とってもハイパーな脳のエンジンを搭載しているんです。

　乗り物に例えると、いわゆる「フツーの子」が自家用車ならば、ADHDタイプのお子さんは、F1カーやジェット機。

　だから、思考や行動がスピードオーバーしやすく、高速走行中は視界が狭くなるのと同じで、周りの状況が目に入りにくいんです。また、F1カーのように、自分のハンドル操作やブレーキングの難易度がとっても高くなります。

　すると、パワフルな頭の回転スピードに対して、身体や言葉のブレーキが間に合わずに、つい行き過ぎたり言い過ぎたりの「衝突事故」を起こしがちです。

　エネルギッシュな子は、その圧倒的なパワーに見合ったブレーキシステムが育つまで、どうしても人一倍時間と労力が必要なんでしょうね。だけど、F1カーにはピットクルー、ジェット機には副操縦士がいるでしょ？　周りの人達がその都度声かけしたり、自分を制御する補助をしたりしながら、その子のブレーキシステムを根気よく育てていくと、だんだん安全運転しやすくなると思いますよ。

　ハイパーなエンジンがあるのは「行動力・決断力・実行力がある」という素晴らしい長所！

　親の心配事は尽きないでしょうが、あふれるエネルギーを自分で制御できれば、頼れるリーダーになる素質もあるんです。

段階的にブレーキをかける

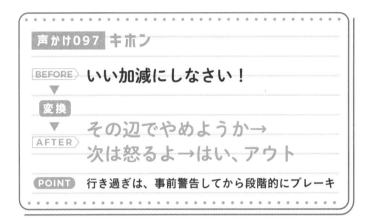

声かけ097 キホン

BEFORE いい加減にしなさい！

▼

変換

▼

AFTER その辺でやめようか→
次は怒るよ→はい、アウト

POINT 行き過ぎは、事前警告してから段階的にブレーキ

緊急性の高い「急ブレーキ」の次は、「通常のブレーキ」を上手にかけるステップです。

例えば自転車に乗る時も、下り坂では緩めにブレーキをかけて速度を落としたり、信号の数メートル手前から徐々にブレーキをかけて停止線で止まれるように意識したりするでしょ？

子どもにブレーキをかける時も同じ。特に男子という生き物は、夢中になったり調子に乗ったりすると、つい「スピードの出し過ぎ」でふざけ過ぎたり、イタズラやからかいが度を超えてしまったり、ハメを外してやり過ぎてしまいがちに……。

でも、親が一発アウトを出す手前の段階で、**「その辺で」「次は怒るよ」**と、徐々に警告を与えて段階的にブレーキをかければ、停止線までにソフトに止まれることも多いのです。

この時、最初の警告は、少し声のトーンと表情を変えて「シリアスに」、アイコンタクトをしながら声かけするのがポイントです。

交通ルールを守るように……

　子どもはなるべく自由にのびのびさせて、大らかに育ててあげたいと私も思いますが、まあ、何ごとにも限度があります。

　狩猟採集時代と同じように自由に大地を駆け巡っていたら、現代では生きづらくなってしまうんですね。

　現代社会で生きていくためのルールを最低限身につけておくことは、やっぱり必要なんです。

　生きていく上で本当に必要なルールについて考える時は、「交通ルール」を思い浮かべるとわかりやすいでしょう。

　「交通ルール」は、文化や言葉の違いがある世界の国々でも、赤信号、横断歩道や停止線のライン、標識、車のスピード制限など、似たルールが多いですよね。一定の共通ルールがないとお互いに命に関わりますから。

　これと同じく、世界共通の「人として最低限のルール」だけは、親や周りの大人達がその子が身につけられるまで根気よく導いてあげないと、結果的に将来対人面での「事故」が増え、継続的な就労や身辺の自立が難しくなるなど、子どもがつらい思いをするかもしれません（まあ、日本社会独自のナゾルールは、優先順位を下げても大きな支障はないでしょう）。

　現代社会では、ある程度のところで行動は制限されることを理解させ、「人として最低限のルール」を守ること自体を子ども自身が受け容れていく必要があります。

　本来、生きていく上で本当に必要なルールはその子を縛って自由を奪うものではありません。

　交通ルールと同じく、「人として最低限のルール」はお互いの安全上必要なことであり、**「ルールを守れば、いいことがある」**という図式が成り立つように繰り返し教えながら、自分の行動をコントロールできれば、世界中のどこでだって生きていけるようになると思います。

BEFORE ▼ もう！ し・つ・こ・い！

変換 ▼

お母さん、だんだん
AFTER ハラ立ってきたよ

POINT 堪忍袋の緒が切れる前に感情の変化を言葉で伝える

相手の表情や周りの状況に気づきにくい子は、調子に乗って同じことを繰り返し続け（例えば、1回ウケたからと言って、からかい行為やイタズラを続けてしまう、など）、相手の感情が微妙に変化していることを敏感に察知できません。

すると「なんか、向こうが急に怒り出してきた」「イキナリ泣かれた」と、本人にしたらワケがわからない状況に陥りがちですが、実際には、その「前段階」があるんです。

まずは家庭で、自分の今の感情を実況中継するように、不快になってきたら言葉でハッキリと伝え、「人の感情は次第に変化していく」ことを理解できるようにするといいでしょう。

また、「見て。〇次郎くんはもう笑ってないよ」など、相手の表情に気づかせてあげるのも Good。

人の顔色ばかり窺う必要はありませんが、おふざけにもほどよい「やめ時」があることを次第に気づけるといいでしょう。

交通信号機と同じで、子育てでも「赤信号と青信号には中間がある」ことを意識するといいと思います。

大人が注意深く「中間の時間」を観察して、赤信号になる前に警告を与え、段階的にブレーキをかけると「大事故」の割合がかなり減ります。

許容範囲のラインを引く

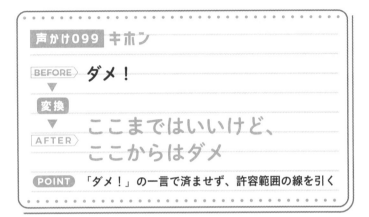

声かけ099 キホン

BEFORE ▶ **ダメ！**

変換
▼
AFTER ▶ **ここまではいいけど、
ここからはダメ**

POINT 「ダメ！」の一言で済ませず、許容範囲の線を引く

子どもの人生の経験値が貯まって、その場の状況次第で判断できるまでに少々時間がかかることもあります。

それまでは親が止めることも必要ですが、「ダメ！」の一言でいつも済ませてしまうと、「やっていい状況」でも自分で動けないこともあります。また、ダメ出しの回数が度を超えると、反抗的・無気力になる可能性もあります。

こんな時は、**「ここまではいいけど、ここからはダメ」**と、本人の目安になる許容範囲のラインを言葉で教えていくといいでしょう。

例えば、家の中できょうだい同士でボール投げを始めて、人やモノに当たるのが心配な場合。

「公園ではいいけど、家の中ではダメ」とか、**「パパが寝てる周りではダメだけど、2階で静かにやるならOK」**など、その場の状況や住宅事情などから導き出した「うちの許容範囲」を伝えつつ、「ダメ」とのラインを明確に引けば、子どもも納得しやすいと思います。

「おうちルール」は話し合って決める

例えば、あらかじめ毎日のゲームの時間や友だちが遊びにきた時のことなど、「おうちルール」を決めておくと不要なもめ事も減り、「ママ、こないだと言ってることが違う」と、子どもを混乱させずに済みます。

この時大事なのは、子どもと十分に話し合い、「お互いに納得できるライン」を探ること。

親が一方的に独断で作ったルールを強制すると次第に不満がたまり、「親にバレなきゃいい」など、結果的にルールが軽視されてしまうこともあります。

例えば以下のように、子どもの意見も取り入れながらルールを決め、ある程度納得できていれば結構守れるものです。

> ### 1. ルールの決め方
> **「お母さんはゲームは1日1時間くらいにして欲しいんだけど、どう？」**「えー！ 全然足りないよ」「じゃあ……」と、双方の「落としどころ」が見つかるまで話し合う。また、**守れなかった場合、どうしようか？**」と事前に決めておくと good
>
> ### 2. ルールの公布と実行
> 決まったルールは張り紙や「ルールブック」（p.162）などで、いつでも参照できるようにする。また、ゲームは「設定」などで使用時間を物理制限するのもテ。
> 実行できたら**「ルール、守れてるね！」**と声かけ
>
> ### 3. ルールの修正
> もし、守れないことが続く場合、そのルールは現実的でないということ。形骸化してしまうので、再度話し合い、実行可能なラインにまでハードルを下げて、軌道修正する

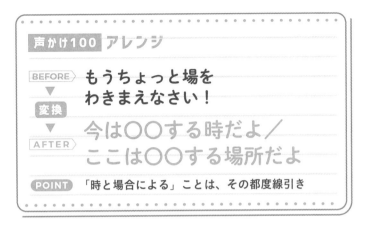

声かけ100 アレンジ

BEFORE
もうちょっと場を
わきまえなさい！

変換

AFTER
今は〇〇する時だよ／
ここは〇〇する場所だよ

POINT 「時と場合による」ことは、その都度線引き

　周りが目に入りにくい子や臨機応変に判断するのが苦手な子は、「時と場合による」状況やタイミングの見極めが難しかったり、それまでの経験から、何かをカンチガイしたまま学んだりしている場合もあります。

　例えば、おじいちゃん家で「元気なのはいいこと」とほめられて以来、図書館や病院でも元気に走り回ってしまう、とか。

　こんな子には言葉通り「やっていい時と悪い時がある」経験をコツコツと積んでいくといいでしょう。

　言われなければ気づかないことって意外と多いんです。

　まずは**「今は静かにする時だよ」**とブレーキをかけ、**「おじいちゃん家ではいいけど、図書館は静かに本を読む場所だよ」**など、**「今は〇〇する時だよ」「ここは〇〇する場所だよ」**と、その都度「時と場合」の線引きをすると Good。

　そして、ある程度子どもに「時と場合による」適切な行動の経験値が貯まってきたら、**「今はどうする時？」「ここはどうする場所？」**と、問いかけて自分で気づかせると Good。

　さらに、それができるようになってきたら、トントンと肩を叩くとか、目配せだけでも OK です！

> **声かけ101** キホン
>
> **BEFORE** 悪い子だね！
> ▼
> **変換**
> ▼
> **AFTER** 叩くことは、ダメ
>
> **POINT** 人格を非難せず、「不適切な行動」のみ線引きを

　言葉より先に手が出てしまうお子さんの子育ては、親としても肩身が狭い思いをされていると思います。

　何度も注意しているのに、一向にわかってくれないと困ってしまいますよね。以前のCHAPTERも参考にしつつ、ここでは「行動の線引き」を詳しくお伝えしていきます。

　人を叩く行為などは、親がビシッと注意して止めることが必要ですが、その際、「悪い子」「乱暴者」などの人格を非難する表現は避けるのが賢明です（Step28、p.103）。

　人格ではなく、「〇〇することは、ダメ」と、「不適切な行動」のみを注意して行動にラインを引きます。

　言葉だけで止まらなければ、手で拳を直接ギュッと包んだり、後ろから抱きかかえたりするなどして相手から離します。

　そして、最終的にやめてくれたら**「やめてくれてありがとう」**と伝えることがとても大事です。

　一度や二度の声かけでは難しいかもしれませんが、ここは親が根気よく続けていくしかありません。

CHAPTER

4

ブレーキをかける声かけ

195

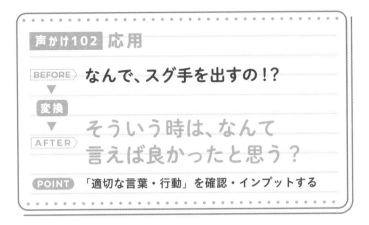

声かけ102 応用

BEFORE **なんで、スグ手を出すの！？**

変換

AFTER **そういう時は、なんて言えば良かったと思う？**

POINT 「適切な言葉・行動」を確認・インプットする

　人を叩くなど「不適切な行動」をやめ、一旦落ち着いたら、子どもの言い分も十分に聴いてあげた上で、**「そういう時は、なんて言えば良かったと思う？」「（相手に）〇〇して欲しい時は、どうすればいいと思う？」**と、その状況での適切な言葉や行動を思い起こさせて、「言っていいこと・やっていいことは何か」を確認するといいでしょう。

　この時、子ども自身に「適切な言葉・行動」がまだ知識や経験としてインプットされていないと答えは出てきません。

　そんな場合は、**「そういう時は、『〇〇』って言えばいいんだよ」「次、同じことがあったら、今度は〜してみようか」**と、適切な言葉や行動をその都度インプットすると Good。

　子どもが「口より先に手が出る」のは、文字通り言葉が体の動きに追いついていないことがほとんどでしょう。つまり、コミュニケーション面の課題なんです。次のCHAPTERでも詳しくお伝えしますが、まずは、日頃から親子の会話時間を増やしたり、読書や勉強などで語彙を増やしたりするのが、手より口で伝えるための近道です。そうして言葉の正確な使いかたを学びながらその都度適切な表現を教えていくと、次第に「叩く以外の方法で」相手に伝えられるようになるでしょう。

手加減と寸止め・距離感の実感を掴むには？

　一方、友だちを叩いた時、本人は「じゃれているつもりだった」「そんなに痛がるとは思ってなかった」なんて場合も。

　これは自分が思っている以上に強い力が出ていたり、（親しい仲なら許されることでも）相手との関係性が本人が思うほどには親密ではなく、「痛い」「叩かれた」と感じられてしまった……など、力のコントロールや距離感のカンチガイが原因にあるかもしれません。

　こんな場合、言葉よりも実際の動きなどで「体感して」手加減や寸止め、適切な距離感を掴むのがいいでしょう。

手加減の練習

- 親がクッションなどを持って、「**フルパワーで**」「**強めに**」「**優し〜く**」など、子どもにパンチやキックさせ、「**イタッ！それは強過ぎ**」「**OK。それが友だちと『じゃれている時』の強さね**」と、調節・フィードバック。また、「**スローモーションで**」などと、スピードの調節も Good。

寸止めの練習

- お互いに自転車のヘルメットなどをかぶり、ジャンケンで負けたらピコピコハンマーで叩くゲームをし、「**次は、ピコッと鳴る１cm前で止めてみよう**」などで、「寸止め感」を掴む

適切な距離感を掴む練習

- 子どもと肩を組むなどで密着して「これは家族の距離」、手をつないで少し離れ「**これは、仲良しの〇〇君との距離**」、お互い腕を伸ばして「**これは、クラスの子に話しかける時の距離**」、数歩下がって「**これは近所の〇〇さんにあいさつする時**」などと、実際の関係性に見合った距離感を実例で教える

言葉のラインを引く

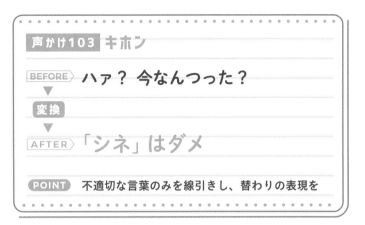

声かけ103 キホン

BEFORE ハァ？ 今なんつった？
▼
変換
▼
AFTER 「シネ」はダメ

POINT 不適切な言葉のみを線引きし、替わりの表現を

手が出なくても、その分、言葉がキツイ子もいますよね。
「シネ」「デブ」「バカ」「ウザイ」「キモイ」「キエロ」「ブット
バス」「ブッコロス」などなど（苦笑）。

こんな場合も、コミュニケーション面の課題と捉えることが
できます。相手への不快感を表すのに、短くて鋭利な言葉でし
か表現が思いつかないからです。

ですから、まずは**「『シネ』はダメ」**と、不適切な言葉
（NGワード）のみを指摘し、線引きするのがいいでしょう。

ただし、NGワードだけでなく、替わりに「言ってもいい言
葉」を、その都度教えていく必要もあります。

「シネ！」と言いたくなる背景には、その子なりの理由があり
ます（あいさつ・あいづち替わりの場合もありますが……）。

子ども本人の事情や気持ちをよく聴いた上で、**「そういう時
は『〇〇』って言えばいいんだよ」**と、その都度適切な表現を
教えたり、**「そういう時はなんて言えばいいと思う？」**と、問
いかけたりするといいでしょう。

「人に言ったらアカン言葉」を線引きする

　一度、親子で「人に言ったらアカン言葉」を一覧表やリストなどにして、言葉の線引きをしてみるといいでしょう。

　特に、見たまま・思ったままがつい口から出てしまう正直者には、「見えるように」わかりやすく線引きすると Good。

> 1.　まず、**「自分が言われてイヤだった言葉ってある？」「お母さんはこんな言葉が気になるんだけど……」**など、子どもと話し合いながら、メモやふせんに気になる言葉を書き出す
>
> 2.　それらを眺めて、以下の例のような一覧表などで分類し、**「これは体の特徴のことだね。そういう言葉、ほかにもある？」**など、同じ分類に当てはまる言葉を集めて表を作る

相手の存在を否定したり、命を脅かしたりすること

例：「シネ」「キエロ」「ブッコロス」「ブン殴るぞ」……

相手を生まれながらのことや家庭環境で決めつけること

例：「〇〇のクセに（性別・障害・人種・経済力等）」……

相手が気にしている顔や体の特徴や、性的なこと

例：「チビ」「デブ」「ブス」「オッパイ大きいね」……

　ただし、「人に言ったらアカン言葉」をキッチリ示すことは大事ですが、子どもにも当然、子ども同士の関係の中などで、不満に思うこと・不愉快に思うことは出てくるものでしょう。

　ストレスフルな状況では、「悪口や不平不満は一切言っちゃダメ」とは、私は思いません。**「心の中では言っていいよ」「家に帰ったら言っていいよ」「日記に書いてみようか」**など、「やっていいこと」を同時に示すことも必要でしょう。

BEFORE ▶ **誰に向かって口きいてンの！**

変換
▼
AFTER ▶ 今の言い方は、カンジ悪い印象がするよ

POINT ▶ 「自然と学ぶ」が難しい子には率直に伝える

「人に言ったらアカン言葉」が「一発アウト」だとすると、口調や態度、その場の話の流れ、相手との関係性、回数や人数で「累積アウト」になることもありますね。

こういう「ケース・バイ・ケース」のことは、子ども同士のやりとりの中で、大半の子は（お互いにちょっとイヤな思いをしながらも）相手の許容範囲を微調整しながら見極め、「これ以上はヤバイ」「この人に言ったらマズイ」などと、空気を読みつつ心得ていくのでしょう。

ところが、「周りを見て、自然と学ぶ」「失敗すれば、気づく」などが苦手な子は、知らず知らずのうちにイエローカードを重ねていることに気づかず、本人はみんなと同じノリのつもりなのに、いつの間にか浮いてしまうことも……（特に思春期の子達は、空気の読み合いになりがちですからね）。

大人ですら線引きに悩むことを教えるのは難しいものですが、ご家庭では**「今の言い方は、失礼な印象がするよ」「お母さんは『オバハン』って、1回なら笑って済ますけど、2回目からはアウト」「他人に言われても平気だけど、自分の子に言われると悲しい」**など率直に伝え、言葉は生きていることを（我が身を削って）その都度気づかせるといいと思います。

お決まりパターンを崩す

声かけ105 キホン

BEFORE **もう、カンベンして!!**
▼
変換
▼
AFTER **落ち着けたね**

POINT お手上げ状態になる「前」と「後」に注目する！

スーパーのお菓子コーナーの前で、子どもにひっくり返って泣き暴れられると、正直、途方に暮れるし周りの視線も痛いしで、親も泣きたい気持ちになりますよね。

こんな時は、まずは一呼吸。そして、諦める！（笑）

実は、子どもが火のように泣き暴れている時は、その場で親ができることはほとんどありません。せいぜい一緒にいて待つくらい（できれば、場所を変えられるとGood）。

親が何かできるのは、子どもが泣き暴れる「前」と「後」です。ココに注目すると「お手上げ状態」から脱出できます。

「前」にできるのは事前の工夫。そもそも、そういった状況にならないよう、できることはあります（後述）。

そして「後」にできるのは結果を変えること。「根負けしてお買い上げ」や「さらに怒られる」以外の結果にします。

大丈夫。待てば必ず泣き止みます。そうしたら、まずは**「落ち着けたね」**とヨシヨシしながら、少しでもできたことに注目するといいでしょう。

「お決まりパターン」を崩す方法！

　では、もう少し詳しく「お決まりパターン」崩しについて。

　ここではスーパーの例で説明しますが、小さな子から大きな子まで、子育ての上で親が「お手上げ」「うまくいかない」と膠着状態を感じることの多くは、この方法で解決への糸口が見えてきますから、ぜひマスターできるといいでしょう。

　まず、子どもの一連の行動パターンを、A＝キッカケ、B＝行動、C＝結果で分けます（行動分析学の専門用語では「ABC分析」と言います）。ポイントは、「ワガママを言う」「ダダをこねる」など主観的な印象ではなく、具体的な行動で観ること（Step28、p.103）。

　では、スーパーでの例を基に、A・B・Cで分けると……

> A＝キッカケ　スーパーに行き、お菓子コーナーの前を通る
> B＝行　動　　子どもが床にひっくり返って、「買って」と泣く
> C＝結　果　　親が「しょうがないね」と言って、お菓子を買う

　……とすると、この子は「泣いて暴れれば、お菓子を買ってもらえる」と、誤解したまま学んでいることになります。

　Cの結果がBの行動の「ごほうび」になっているんですね。

　この「お決まりパターン」を崩すには、Aのキッカケをそもそも作らないようにするか、Cの結果を変えるようにすれば、悪循環から脱出できる可能性が高くなります。

　泣き暴れ真っ最中のBの現場でどうにかするよりも、その「前後」のほうが、親がなんとかできることが多いんです。

　どんな場合でも、いろいろ試しているうちに、その親子にとっての「ちょうどいいところ」が必ず見つかりますからね。

　その試行錯誤の過程自体が、子育てそのものだと私は思っています。

キッカケを作らない工夫

　では、スーパーの例では具体的に、Aの「キッカケを作らない」ために、どんな工夫が考えられるでしょうか？

　例えばこんな選択肢が……

- 宅配を利用するなど、そもそも子連れでスーパーに行かない
- お菓子コーナーの前を通らないルートを選ぶ
- 菓子類は饅頭と煎餅しか置いていない個人商店で買う
- 空腹時を避け、事前に食事やおやつを済ませてから行く
- スーパーの混雑する時間帯や、子どもが眠気や疲れなどでぐずりやすいタイミングを外す
- 「一切買わない」ではなく、スーパーの駐車場などで、「〇円（〇コ）までなら買っていいよ」と事前に約束して、子どもが十分納得できてからお店に入る

　どうでしょうか。結構できること、ありませんか？

　ひっくり返られる前なら、親が工夫次第で対処できることは多いんです。

　スーパーに限らず、子育て上の「親の困りごと」の8割は「日頃の関わり＋事前の工夫・声かけ」で、予防または軽減できるんじゃないでしょうか（私の体感では……）。

　お手上げ状態になる前に「**自分にできることは何かあるかな？**」と、問いかける習慣をつけておくといいでしょう。

BEFORE ▼ しょうがないなあ……

変換 ▼

AFTER ▶ 口で言えたら買ってあげる

POINT 「条件つき」で交渉し、できたことをフィードバック

では、今度は「結果」を変えることについて。

子どもに根負けしてお買い上げって屈辱ですよね。あの敗北感たら……（笑）。私自身は「絶対買いません！」と、最後までつっぱねる強靭な精神力もなく、正直用事が済んだら早く家に帰りたいので、一切買うつもりがない時はそもそも子どもを連れていきません。ただ、連れていく以上は多少の出費は覚悟し、子どもが欲しがったら**「ジュースを戻せば、お菓子は1コ買えるよ？」**など、泣かれる前に妥協点を見つけ、お互い消耗しないようにしています。つまり、「条件つき」の交渉をしているわけです。これは泣かれた時も同じ。

子どもが少し落ち着いてきたら、**「口で言えたら、買ってあげる」「じゃあ、〇〇はガマンできる？」**などの条件を出し、「泣き暴れる」以外の方法で要求を伝えられたり、少しでもガマンや妥協ができたりしたら**「口で言えたね」「ガマンできたね」**と、できたことをフィードバック。この繰り返しで、（たとえ泣いたとしても）早めに落ち着けるようになっていきます。

ただし、どうしても泣き暴れることが続いたり、際限なく手当たり次第欲しがる場合などは、その子にとっての「ごほうび」は、お菓子じゃないのかもしれません（CHAPTER 1参照）。

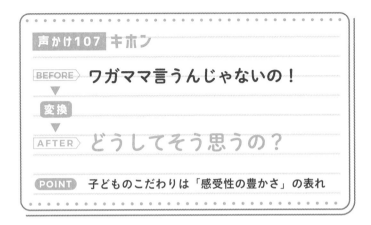

Step
62 こだわりを和らげる

声かけ107 キホン

BEFORE ワガママ言うんじゃないの！

変換

AFTER どうしてそう思うの？

POINT 子どものこだわりは「感受性の豊かさ」の表れ

子どもは感受性が豊かな生き物です。

大人が「なんでそんな些細なことが気になるの？」「そんなことどうでもいいじゃない」と思うことをしつこく主張してこだわるのも、子どもであるからです。

感覚器官が発達し切った（あるいは、少々お疲れ気味ですり減ってきた）大人から見れば、こういった子どものこだわり行動は「ワガママ」のように感じられるかもしれません。

でも、五感が敏感な状態のままの子どもは、いる情報といらない情報を選ぶのが難しく、大人より鮮明に色や形、音、ニオイなどをキャッチして、強く興味を惹かれたり、不安を感じたりするので、「これじゃないとイヤだ！」となるんですね。

親にしてみれば、許容できること・できないことがあるとは思いますが、まずは、子どものこだわりは「ワガママ」ではなく、「感受性の豊かさ」の表れと一旦受け止めると Good。

その上で、「どうしてそう思うの？」「何が気になるの？」と、その子の世界に耳を傾けてあげるといいでしょう。

「こだわりマトリクス」で分類

　子どものこだわりは、すべてを「ワガママ」と一括りにせず、キチンと対応すること、妥協・交渉や考え方次第で解決できること、成長に活かせることなどを見極め、それぞれに合った対応をすればOK。

　それには、親が一見「ワガママ」と感じられることを次の「こだわりマトリクス」で分類して、冷静に客観的に見直すとわかりやすくなるでしょう。

[図解！ こだわりマトリクス]

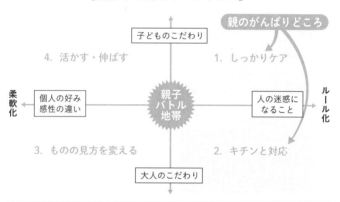

1. しっかりケア
➡我が子に罪や悪気はないように思えても、結果的に人の大きな迷惑になったり、日常生活に支障が出たりしてしまうこと

2. キチンと対応
➡大人の側の「正しいこと」「それが常識」というこだわりで、なおかつ、客観的にも人の大きな迷惑になっていること

3. ものの見方を変える
➡大人の側の「正しいこと」「それが常識」というこだわりでも、よく考えてみれば、誰にも迷惑はかかっていないこと

4. 活かす・伸ばす
➡誰の迷惑にもならず、自分も気にならない子どものこだわり

不安からくるこだわりを和らげるには……

では、「こだわりマトリクス」の1への対応。

1と2のこだわりは、本人・周りの日常生活にも影響するだけでなく、「将来、社会の中でなんとかやっていけるか」の大事なポイントなので、親のがんばりどころです。

例えば……

- 通学路の途中で通れない道があって、座り込んでしまう
- 小学校の教室から、泣きながら飛び出してしまう
- 学校の体育館など、特定の場所に入りたがらない

……などの場合、背景にその子が感覚的に強い不安や怖れを感じる情報（音・ニオイ・光・色・形・人やモノ、過去の経験など）がある可能性もあります。

こういったことは理屈ではないので、「叱る」「言い聞かせる」などは通用しません。

この場合、「**あの場所の何が気になるのかな？**」など、子ども本人に丁寧に話を聴いて原因を探り、「**そうか、〇〇の音が怖いんだね**」「**なるほど、〇〇が心配なんだね**」と、まずはその子の気持ちに共感してあげます。

次に、子どもを安心させることを優先し、ひとまずは恐怖や不安を感じる対象を回避できるようにして、落ち着くまで心身をケアします。

その後で、先項の「お決まりパターン崩し」を応用し、子どもや先生と相談しながら、気になる音にはイヤーマフや耳栓を使うなど、負担感が減る工夫を探すといいでしょう。

そして、子どもの様子を見ながら、少しずつ負荷をかけてゆっくりと不安の対象にも慣らしていくと、だんだんと大丈夫になること、できることも増えていきます。

Q 発達障害の診断はない子ですが、登校中に怖い思いをしたようで、その後、通学路の途中で座り込んでしまいます

A 話を聴き、安心させ、ゆっくり慣らして過去を乗り越える

　んな子でも、不安や恐怖を強く感じる経験をした後は、心が不安定になったり、こだわりが強くなったりするのは当然です。事件、事故、災害、いじめ、虐待……あるいは戦争の体験で（またはそれらを目撃して）、心の傷を負った時など。そこまで深刻な出来事でなく、例えば「通学路の途中で大きな犬に吠えられた」などの身近な経験でも、その子にとって本当に怖かったことなら同じでしょう。

　この場合、まず子どもの話を**「そうかあ、あの道が怖いんだね」**と、否定せずに共感的に聴きながら、時間をかけて丁寧に具体的な原因を探っていきます。

　そして、ある場所で犬に吠えられたことが原因だとわかれば、当面は親や送迎サービスのサポートなどで車で送り迎えする、別の道を通れないか学校と相談するなど、「事前の工夫」で回避し、ひとまず安心させてあげるといいでしょう。

　そして、子どもが落ち着いてきたら、親がつき添って一緒に歩くなどして、ムリのない範囲でその場所にゆっくり慣らしていくと、いずれは元の生活に戻っていけると思います。この時、だんだんと親が付き添う距離を短くしたり、不安な場所だけ一緒にいたりして、少しずつ手を離すとGood。

　また、ペットショップなどで子犬から触れさせて、徐々に慣らしていくのもテです。ただし、こだわりが強過ぎて、本人・周りの日常生活に支障が出ている場合や、極端に思い詰めている様子がある場合には、念のため、できるだけ早めに児童精神科や心療内科などの受診をオススメします。

ガマンにごほうびを与える

声かけ108 キホン

BEFORE
静かにしないと、
バスに乗れないよ

▼
変換
▼

AFTER
静かにバスに乗れたから、
今度は○○まで行けるよ

POINT 「ルールを守れば、いいことがある」イメージを

次は、「こだわりマトリクス」（p.206）の2への対応です。
「人として最低限のマナー」や、国や地域、公共の場や学校などの「所属するコミュニティのルール」のうち、守れないと周りの大きな迷惑になってしまうことは、子どもの身につくまで根気よく、親や周りの大人が教えていく必要があります。

親がいなくなった後も、その子がその社会に適度に合わせて（適応して）生きていくためには、ある程度でも「ガマンや妥協ができる力」を育てることも必要だからです。

それにはまず、ガマンにごほうびを与えるといいでしょう。

ここでのごほうびとは、必ずしもモノやお小遣いやポイント（Step26、p.97）をあげることだけでなく、「行動範囲が広がる」「選択肢が増える」「自主性に任せる」など、本人にとって自由度が上がることや、**「静かにしてくれてありがとう」**など、周りの感謝や賞賛の言葉もごほうびになります。

とにかく、「ルールを守れば、いいことがある」というイメージを繰り返し伝え続けるのがポイントです！

血の気の多い若者世代には「ルール＝自分たちを縛るもの」というイメージが強いかもしれませんが、実は、ルールを守っているほうが自由度が高い場合も多いんです。

　その関係性としては、

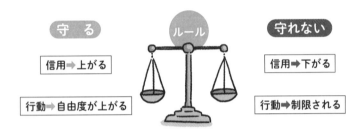

　……という図式が成り立つ例は多いもの。

　例えば、ネットのSNSや動画投稿サイトなども、違法行為やルールをすり抜けて悪用する人や、マナーの悪い投稿や書き込みが増えると、どんどん細かなルールや規制ができて、最初の頃の自由さや便利さが失われていくこともありますよね。

「ルール」「社会的な信用」「個人の自由度」には、深い関係性があるように思います。

「優秀な生徒さんの多い学校ほど校則が緩い」なんて保護者同士のウワサ話も聞きますが、これも日頃の行いで近隣住民の方達の信用があるからこそ……なんじゃないでしょうか。

警告し、制限する

声かけ109 キホン

BEFORE 静かにしないと、〇〇を買って
あげないからね！

▼

変換

▼

AFTER 静かにしないと、約束通り
ゲーム時間を制限します

POINT 因果関係が明確なルールを決め、警告→制限の実行を

子どもが社会的に大きな迷惑となったり、他人や自分を大きく傷つけてしまったりした時には行動を制限します。

中高生が万引きすれば「停学・退学」になり、大人が違法行為をすれば「刑務所行き」になるのと同じです。

こういった社会的なルール違反に対する行動制限のシステムを学ばせていくには、大ごとになる前に、家庭で小さな疑似体験を積んでおくのがいいでしょう。

あらかじめ、子どもと話し合って**「こういったトラブルがあれば、こうする」**というルールと制限方法を決める→軽微な違反の段階で何度か警告を与える→それでも守れなければ制限を「確実に」実行する……という流れでできればベストでしょう。

この時、原因と結果が明確なルールのほうが納得しやすいモノ。例えば、ゲームに熱中し過ぎて大騒ぎし近所迷惑になりそうな場合、「誕生日プレゼントを買ってあげない」など、ゲームとは直接関係ないペナルティは理不尽さを感じるでしょうから、「ゲーム時間を制限する」などがベターです。

スマホ・PCの保護者設定の工夫

　スマホ・PCのオンラインゲームやSNS、動画投稿サイトなどは、子どもにはとても魅力的なだけにいつの間にか深刻な依存状態になっていく可能性もあります。

　また、「ある日突然、ケータイ会社から多額の請求が……」「SNSでトラブルに巻き込まれた」なんてことを避けるためにも、親がある程度条件や上限を設定し、「物理的に」ブレーキをかける必要もあるでしょう。

　スマホ、PC、セキュリティソフト等の「保護者設定」「ペアレンタルコントロール」などの活用やスマホ販売店での設定で、例えばこんな制限が可能です。

- 使用可能な時間帯や1日の使用時間の上限を決める
- 年齢制限やフィルタリング機能で、アプリのダウンロードやアクセス・視聴できる範囲を制限する
- コンテンツの課金はできないようにするか、その都度親の承認が必要な状態にする
- スマホ契約を定額固定のプランにする　　　　……など

　ただし、どんなに工夫しても子どもは親の目をかいくぐり、いつの間にかパスワードを覚えて設定を解除してしまうことなどもあるので、最終的には、子ども自身のブレーキを育てるのが最も効果的な対策だと思います。

「保護者設定」はそれまでのツナギのあくまで補助的なモノと考えておくのがいいでしょう。また、スマホなどの使い過ぎは、子どもに請求書の明細や管理画面の使用時間グラフを見せながら、ルールを再度話し合うと納得しやすいでしょう。

　また、「そもそも、スマホは子どもに十分な自制心が育つまでは買い与えない」というのも賢いテだと思います。

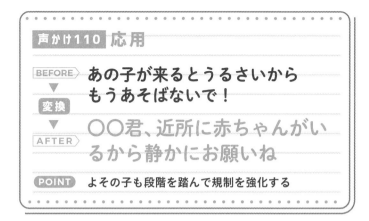

声かけ110 応用

BEFORE
▼
あの子が来るとうるさいから
もうあそばないで！

変換
▼
AFTER
〇〇君、近所に赤ちゃんがい
るから静かにお願いね

POINT よその子も段階を踏んで規制を強化する

例えば、ゲームで盛り上がると「うちの子はルールを守れる
けど、あそびに来た友だちの大声がうるさい」なんて場合。

よそのお子さんはキツく注意しづらいし、子ども同士仲が良
ければ「〇〇君とあそんじゃダメ」なんて言いたくはない。で
も、改善できないと対応に困ってしまいますよね。

難易度高めですが、まず我が子に事情を理解させた上で、「段
階を踏んで規制を強化する」といいかもしれません。

まず、「**〇〇君、近所に赤ちゃんがいるから、静かにお願い
ね**」「**うちはマンションで、飛び跳ねると下の階に音が響くか
ら、座ってやってね**」など、具体的な理由と「やっていいこ
と」をまずは本人にお願いしてみます（静かにできたら「**あり
がとう、助かるよ**」と感謝の言葉を）。

次に、子どもに特に盛り上がるゲーム名を聞き、「**それ以外
のゲームで静かにできるならうちであそんでいいよ**」など、条
件つき・部分的にゲームを許可。それでできなければ「**うちで
あそぶ時はゲーム禁止**」と、電源を抜くなど物理制限。

最終的には、我が子に「**〇〇君とあそびたい時は、公園で**」
と通告。ある程度段階を踏めば、「出禁」にする前にわかって
くれることもあります。

ゆるタイムアウトの工夫

「タイムアウト」という海外の育児手法があります。これは子どもが親や先生が許容できない行動をしたら、部屋や教室の隅に置いたイスなどに座らせ、一定時間（年齢×1分程度が適当）「参加させない」行動制限を課すというもの。大人がビシッと一貫してやればかなり有効な手法だと思います。

ところが、うちではタイムアウト中の子のところにほかのきょうだいが寄って行ってしまうのでうまく実行できず、しばらくそこから離れる「ゆるタイムアウト」にしました。

「ゆるタイムアウト」は行動制限ではなく、クールダウンして気持ちを切り替えるのが目的です。

例えば、きょうだいゲンカや親に怒られた後など、子どもが不満を引きずって不機嫌な態度が続く場合……。

- 「2階でゲームしてていいよ」など、別の部屋への移動
- 「自動販売機でジュース買っといで」「〇〇屋さんで卵買ってきて」「犬の散歩、お願い」「ポストにこのハガキ出してきて」など、ちょっと外を歩いてくる用事を頼む
- 「ちょっと昼寝したら？」「もうお風呂入る？」など、一人で休ませる、静かにそっとしておく　　　　　　……など

本人が意固地になって動かない場合には、ほかのきょうだいのほうを「下でテレビ観ておいで」などと促したり、親のほうが「かあちゃん、ちょっと寝てくるね」とその場を離れ、その子のイライラに巻き込まれないようにするといいでしょう。

また、親が疲れていて機嫌が悪い時や大人達が立て込んでいる時などは、空気の読めない子が間が悪いことをして地雷を踏んでしまう前に、そっとそこから離れさせて、不要な落雷を事前に回避するといったことにも使えます。

制限を緩め、解除する

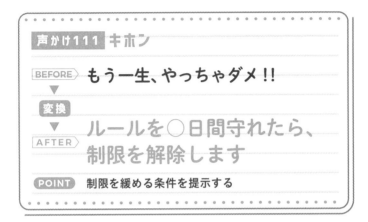

声かけ111 キホン

BEFORE もう一生、やっちゃダメ!!

変換

AFTER ルールを○日間守れたら、制限を解除します

POINT 制限を緩める条件を提示する

子どもがあまりに何かに入れ込んで、宿題などやるべきことをおろそかにすれば、思わずキレたくもなるというもの。

でも、その子にとって大事なものを親が強制的に取り上げれば、子どもの心に禍根が残りますし、「更生の道」を完全に閉ざしてしまうと、そこから学ぶ機会も得られないでしょう。

たとえ一時的に行動を制限しても、その後子どもが反省して地道にルールを守り、親の信用が回復したら、次第に制限を緩め、解除してあげるステップを忘れないのが大事です。

「規制と緩和」をセットにすれば、「ルールを守ればいいことがある」と、子どもも実感できるでしょう。

少々目に余ることがあって、一時的に全面禁止にしたことでも、**「帰ったらスグ宿題にとりかかることが1週間できたら、○○をやってOK」**などと、制限を緩め、解除できる条件を提示してあげるといいでしょう。

そして、子どもがルールを実行できたら、親も約束を守るお手本を見せる必要があります。

ルール廃止・廃案の工夫

　子どもの様子を見て、親がうるさく言わなくても、もう十分自分の判断で守れるようになったルールや、子どもの成長に伴って実情に合わなくなってきたルールは、適宜見直し、不要なら「廃止・廃案」にしていくといいでしょう。

　なんでも「規制、規制」とできないことが増えていく一方じゃ、大人だって息苦しいでしょ？

　小言やルールの「見える化」の工夫（Step07、p.42 ／ Step49、p.162）などで、家中にある張り紙も「もう大丈夫」と思ったら、順次撤去するのがオススメです。

　お互いが社会生活を円滑に送るために、ルールはある程度必要なことですが、あまりにルールだらけにならないように「1コ増やす時は1コ減らす」くらいの気持ちでいると Good。

　そして、子どもがお年頃になってきたら、「ルールから契約へ」移していくといいでしょう。

　子どもがある程度大きくなれば、親が決めたルールは受け容れにくく、加えて、同級生の間で「大人の言うことに素直に従うのカッコ悪い」なんて価値観も出てきます。

　そんな時は、「人としてやってはアカン」こと以外は、本人と「〇〇できるには、こういう条件にしたいんだけど、どう思う？」などとよく話し合い、お互い十分納得し、合意の上で「契約する」方式にしていくといいかもしれません。

　ビジネスの場面と同じく、親が守って欲しい条件や子どもの義務などを箇条書きした契約書のひな型を作り、本人の意見を十分聞いた上で、現実的に実行可能な範囲に調整し、合意したら双方サインをして証拠を残しておく。そうすると、違反行為やトラブルの際にも説明・納得しやすいでしょう。

納得できる理由を説明する

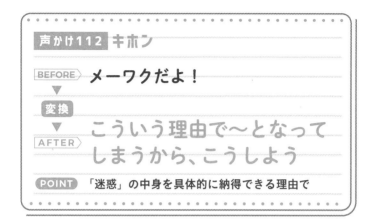

声かけ112　キホン

BEFORE▷　**メーワクだよ！**

▼

変換

▼

AFTER▷　こういう理由で〜となって
しまうから、こうしよう

POINT　「迷惑」の中身を具体的に納得できる理由で

　　次は「あいまい言葉を超・具体的に」（p.132）の発展形。ここまで「人の大きな迷惑になること」を、子どもにブレーキをかける際のひとつの目安として度々使ってきましたが、じゃあ、「迷惑」とは具体的になんなのでしょうか？

　　大人は今までの経験を総合的に判断して「あ、コレ迷惑かな？」と気づけますが、まだ人生経験が少ない子どもは「メーワク！」の一言だけでは今イチピンと来ないこともあります。

　　例えば、公共の場や病院などで子どもの携帯ゲーム機の音が周りの迷惑になりそうな場合、「**電車では大きな音を不快に思ったり、次の駅名を聞き逃しちゃう人もいるから、イヤホンつけよう**」「**病院では大きな音で頭が痛くなる人もいるから、音はオフにね**」などと伝えるといいでしょう。

　　つまり、「迷惑」とは誰がどんな思いをして、どんな不便や負担をかけることなのか、具体的に納得できる理由を伝え、それと同時に「やっていいこと」もセットにして、周りへ配慮する経験値を貯めていくといいと思います。

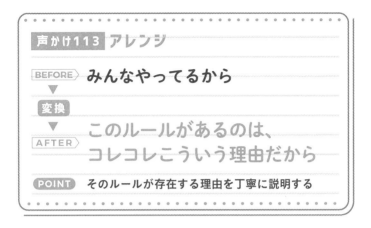

声かけ113 アレンジ

BEFORE ▼ **みんなやってるから**

変換 ▼

AFTER このルールがあるのは、
コレコレこういう理由だから

POINT そのルールが存在する理由を丁寧に説明する

　子どもも大人も「十分で丁寧な説明を受け、納得できれば守れること・協力できること」ってあると思います（逆に、ロクな説明もナシに、「みんなやってるから」とPTAの役員を押しつけられたら、反発したくもなるでしょう）。

　そのコミュニティで必要なルールや義務やマナーなどは、「みんなやってるから」で済ませずに、「なぜ、そうする必要があるのか」、そのルールが存在する理由を丁寧に説明すれば、わかってくれることは沢山あります。

　例えば、**「病院（のココのエリア）でケータイをオフにするのは、お医者さんの使うキカイに電波が影響して、診断を間違っちゃうといけないからだよ」「〇〇市では使った紙は再生紙にリサイクルしているから、ココに入れてくれる？」**など（協力できたら**「ありがとう」**も忘れずに……）。

　「みんなやってるから」だと周りの人次第で「みんなやってないから」できない場合もあります。しかし、そのルールやマナーが必要な理由を子ども自身が十分理解し納得できていれば、周りがどうであっても大丈夫！

合理的な理系タイプの子に伝わりやすい方法

　もし、親の説明だけで子どもが納得できない場合、特に合理的な理系タイプの子には、こんな方法もあります。

- 図や表、グラフなどを併用してロジカルに説明
- 具体的な数値や割合など、数字を入れて説明
- 詳しく正確な情報が載った本や資料、Web サイトを参照する
- その道のプロや本人が尊敬している人物に説明してもらう

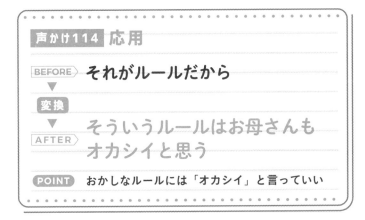

声かけ114 応用

BEFORE それがルールだから

▼

変換

▼

AFTER そういうルールはお母さんも
オカシイと思う

POINT おかしなルールには「オカシイ」と言っていい

　世の中には、親ですら「なぜ、そのルールが必要なのか」理由を説明できない、理不尽でヘンテコなローカルルール、謎の慣習、暗黙の了解、同調圧力などもあります。こんなおかしな「ナゾ・ルール」の存在は、閉鎖的な社会でルールのアップデートや見直しを怠ってきた結果ではないでしょうか。

　それを現代っ子が「なんでこんなことしなきゃならないの？」と感じるのは当たり前です。子どもの素朴な疑問に対して親も明らかにオカシイと思ったら、素直にそう伝えてOK。大人が立ち止まり考え直す姿を見せるのも大事でしょう。

結果の予測と因果関係を伝える

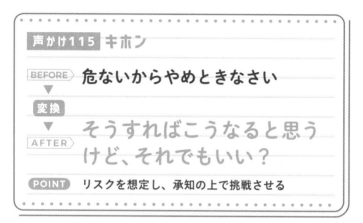

声かけ115 キホン

BEFORE　**危ないからやめときなさい**

変換

AFTER　**そうすればこうなると思う けど、それでもいい？**

POINT　リスクを想定し、承知の上で挑戦させる

　活発で衝動的に動くタイプの子は特に、行動力やヒラメキ力がある反面、少し先のことの見通しが苦手なようです。

　大人が「危ないから、やめときなさい」と制止しても、後先考えずに飛び出していくこともあるでしょう。

　小さな頃は物理的に止めるのが一番ですが、少々大きくなってきたら理性に働きかけると Good。

「こうすればこうなる」 という結果の予測や因果関係を理解させ、リスクを承知の上で、**「それでもいい？」** と本人に判断させたり、**「念のため、こうしてくれる？」** と、安全策を講じ、条件つきで許可したりするといいでしょう。

　子どもの挑戦する意欲を大事にしつつ、事前にリスクを想定しておくと自分でブレーキをかけやすくなります。

　例えば、友だち同士で遠出したがる時も、**「帰りの電車賃まで使っちゃうと歩いて帰ることになるけどいい？」** とか、**「念のため位置情報を共有してくれるならいいよ」** などで、小さな冒険に送り出せるでしょう。

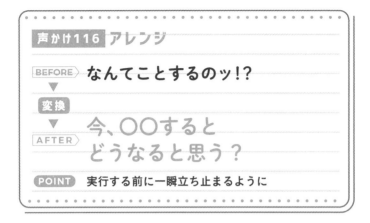

声かけ116 アレンジ

BEFORE なんてことするのッ!?

▼

変換

▼

AFTER 今、〇〇すると
どうなると思う？

POINT 実行する前に一瞬立ち止まるように

　子どもの経験値が貯まってきたら、「こうすればこうなる」
の予測を自分でできるようにリードしていくと Good。
　「いいこと思いついた！」と、好奇心旺盛な子は次々と面白い
行動をしますが、それが結果的に周りの大きな迷惑になった
り、場をわきまえずに大ひんしゅくを買ったりすることもあり
ます。
　「最悪の展開」を回避するには、「**今、〇〇するとどうなると
思う？**」などと、道路標識の一時停止のように、実行する前に
「一瞬立ち止まって考える」習慣をつけるのも大事。
　例えば、冠婚葬祭などの改まった場面で、子どもの様子にイ
ヤな予感がしたら、「**今、みんなを笑わせるようなことしたら、
どうなると思う？**」「**誰が困ると思う？**」などと、一手先を想
像させるといいでしょう（もし、それで思い留まれなければ、
一緒にその場をそっと離れるべし！）。
　また、こんなイタズラっ子は知的好奇心・探究心も旺盛。
　この習性を利用し、例えば、将棋や囲碁、ボードゲームや
カードゲーム、シミュレーションゲームやRPG、科学実験や
プログラミングなど、「あそびの延長」として、結果を予測す
る力をじっくり育てるのもいいでしょう。

221

BEFORE ▼ **もう取り返しがつかない……**

変換 ▼

AFTER **もし、一度でも○○すると こうなってしまうんだよ**

POINT 取り返しのつかないことは事前に話し合う

取り返しのつく失敗なら「経験のうち」と考えることもできますが、世の中には取り返しのつかない失敗もあります。

例えば、犯罪行為や事故などで他人（と自分）の心身に回復できない程のダメージや損害を与えてしまった場合など。

なので、もっと軽微な失敗のうちに経験を積んでおくとともに、一緒に芸能ニュースや警察の密着取材の番組などでの「反面教師」をお手本に、「それまでの社会的地位も一度に失うこと」「一度失われた信用を回復するのは、並大抵ではないこと」などを親子でよく話し合っておくといいでしょう。

子育ての法則

お酒の適量の法則

若い頃はお酒の適量がわからず、その場の勢いでつい飲み過ぎて、大失敗した苦い経験がある方もいるでしょう。

でも、年齢とともに「これ以上飲むと明日がつらい」などと、体感でだんだん適量がわかり、「まあ、今日はこの辺で……」と自分でブレーキをかけられるようになっていませんか。

結果の予測ができるようになるには、ある程度の（失敗を含む）経験と時間が必要なのかもしれませんね。

経験をリマインドする

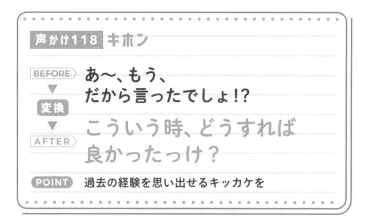

声かけ118 **キホン**

BEFORE ▼
あ～、もう、
だから言ったでしょ!?

変換 ▼

AFTER
こういう時、どうすれば
良かったっけ？

POINT 過去の経験を思い出せるキッカケを

　何度言われても同じことを繰り返しがちな子は、「過去の経験を適切なタイミングで思い出すこと」が難しいようです（だからこそ、懲りないんですけどもね）。

　こんな子は失敗を恐れずチャレンジできる反面、「だから言ったでしょ！」「何度言ったらわかるの!?」「ホントに反省したの？」なんて、いつも怒られがちです。

　多分、言われたことは本人も十分理解しているんです。

　でも、情報の整理整頓が苦手だと、まるで、乱雑に詰め込んだタンスの引き出しのように、頭の中から必要な時に必要な記憶をスムーズに取り出せないのかもしれません。

　こんな子には、過去の経験を思い出せる（＝リマインドする）ためのキッカケを与えると Good。

　例えば、大事なモノが見当たらない場合（本日3回目など）。言いたいことは沢山ありますが、「**こういう時、どこを探せば良かったっけ？**」「**前はどこにあった？**」「**今日通った場所を思い出してごらん**」など、問いかけるといいでしょう。

BEFORE	一度言い出したら、全然聞かないんだから！
変換	
AFTER	あの時はこうだったけど、今回はココが違うね
POINT	融通が利かない場合、具体的に状況の違いを伝える

　過去の経験を適切に思い出すのが苦手な子がいる一方で、昔のことはよく覚えているけど、それを臨機応変に応用するのが苦手な子もいます（あるいはその両方も）。

　特に、一度うまくいった経験があると、その方法や手続きにこだわって、なかなか別の方法が受け容れられないといったことや、状況に合わせて考えを変更できないことがあります。

　こういう子の場合、日頃からできるだけ、新しい知識や様々な経験に触れられるように親が心がけるとともに、過去の経験との具体的な違いに気づかせるといいかもしれません。

　例えば、以前飲食店でデザートをオマケしてもらった経験があって、「今日もそうする！」と頑なに言い張る場合。

「あの時は平日でたまたま空いてたからできたけど、今回は日曜日でお店の人も混んでいて忙しいから、オマケできないと思うよ」などと、以前の経験との違いや今回の相手の事情や状況を、具体的に丁寧に説明すると納得しやすいでしょう。

　その上で「**じゃあ、今日はどうしようか。オマケはないと思うけど、行ってみる？　それともほかのお店にする？**」などと提案したり、一緒に解決策を模索してフォローするとGood。

淡々と繰り返す

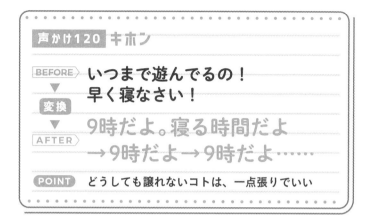

声かけ120 **キホン**

BEFORE
いつまで遊んでるの！
早く寝なさい！

▼

変換

▼

AFTER
9時だよ。寝る時間だよ
→9時だよ→9時だよ……

POINT どうしても譲れないコトは、一点張りでいい

これまでは、「何がどこからアウトなのか」「なぜ、いけないのか」を子どもに伝わりやすく、ゆくゆくは自分で自分にブレーキをかけられるように導く声かけが中心でした。

でも、なかには理屈抜きで「**とにかく、ダメなものはダメ！**」ってことや、親にだって「**個人的にこれだけは、絶対やってほしい／欲しくない**」といった子育て上のこだわり、徹底して貫きたい教育方針などもあるでしょう。

ちなみに、私のこだわりは「何が何でも9時には寝る！」。

朝が早いという家庭の事情もありますが、どんなに素晴らしい教育・療育法よりも、まず第一に十分な睡眠時間を確保することが、子どもの健康で健全な発達には欠かせないと、頑なに信じているからです（笑）。

なので、この時ばかりは一切妥協・交渉の余地もなく、とにかく「**9時だよ**」の一点張りで通しています。親として「コレだけは」「ココだけは」絶対に譲れないことは、機械のように同じ言葉を淡々と繰り返すだけでOKです。

BEFORE ▶ **いつになったらわかるのッ!!**

▼

変換

▼

AFTER ▶ **叩くことはダメ→叩くことはダメ→叩くことは……**

POINT **理解できたルールは、実行できるまで見届ける**

「頭では理解している」ことと「実際に行動できる」ことの間には少しの開きがあるので、「わかっちゃいるけどできないこと」は、なんだかんだと言い訳したくもなるでしょう。

それでも、子どもが理解し、納得できたルールであれば、淡々と繰り返して伝え、実行できるまで見届ければOKです。

子育ての法則

妖怪「ぬりかべ」の法則

私が小学生の頃、平日の夕方「ゲゲゲの鬼太郎」の再放送をよく見ていましたが、妖怪「ぬりかべ」って出てきますよね。大きな壁に目と短い手足、気が優しくて頑丈な、あのお方!

私は、親がどうしても子どもの前に立ち塞がらないといけない場面では、この妖怪「ぬりかべ」をイメージしています。

妖怪「ぬりかべ」は、何があっても「ぬ〜り〜か〜べ〜〜!」としか言わず、「絶対に相手を通さない!」覚悟で両手を広げて一歩も引かない巨大な壁になるでしょ?

日頃はできるだけ、親が柔軟に臨機応変に対応しつつも「コレだけは!」という時は、妖怪「ぬりかべ」がお手本です。

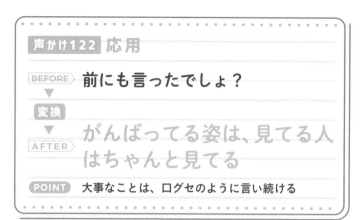

声かけ122 応用

BEFORE ▼ 前にも言ったでしょ？

変換 ▼

AFTER ▶ がんばってる姿は、見てる人はちゃんと見てる

POINT 大事なことは、口グセのように言い続ける

　親として子どもに伝えたい、特に大事だと思っているものの見方・考え方や習慣、教訓などは、折に触れてその都度、繰り返し繰り返し、口グセのようにしつこく言い続けるのがいいでしょう。これはもう、お決まりの「決め台詞」のようなモノです。例えば、子どもが自信をなくすことがある度に、**「がんばってる姿は、見てる人はちゃんと見てる」「あんたは大器晩成型だから」**と、毎回伝える……など。

　親の愛情やその子のいいところを何度でも何度でも口に出して、**「こんなに可愛い子はいないよ」「本当に賢い子だね／優しい子だね」**と、子どもに「もういいってば。わかった、わかった」と飽きられるまで伝え続けるのも Good。そうすると、たとえ親がそばにいられなくなった後でも、子どもの心にずーっと残すことができ、生涯に渡ってその子の人生を導き、勇気づけ、支えてくれるはずです。

大事さを伝える

声かけ123 **キホン**

BEFORE 勝手にしなさい！

▼

変換

▼

AFTER あなたが大事だから、
お母さん、心配だよ

POINT 子育てに「絶対大丈夫」はありません！

　このCHAPTERでは、あの手この手で「やったらアカンこと」へのブレーキのかけ方を伝えてきましたが、それでも万策尽きたら、最後の最後は親子の心と心のつながりで止めます！

　ただし、この技は伝家の宝刀のようなモノで、本当に危ない時や親の直感が強く働いた時だけに使い、普段は子どもが自分の意思で決めたことを大事にしてあげるといいでしょう（結果を強制せず、素直な気持ちを伝えるのはいつでもOK）。

　日頃から、親の「その子がどれだけ大事な存在か」という思いが十分伝わっていれば、極端にリスクの高い行動を取る確率は低くなるはずですが、それでも子育てに「絶対大丈夫」「うちの子に限って」はない、という覚悟は必要だと思います。

　例えば、友だち同士の集団心理に流されて犯罪行為や迷惑行為に加担したり、悪い大人に都合よく利用されたり、あるいは極端に思い詰めて自暴自棄になったり……。

　それでも、親だけは、何があっても我が子を見捨てないのが最後の砦です。

勉強して理性を育てる

　子どものブレーキを育てるには、勉強して理性を育てることも大事です（学校の勉強だけが勉強とは限りません！）。

　本を沢山読み、様々な知識や自分とは違う人の生活や考えがあることを知って視野を広げたり、試行錯誤で実験して物事をいろんな角度から客観的に検証したり、自分の考えをまとめ、正確に相手に伝わるように論理的に伝える練習をしたり……。

　本当の勉強は子どもの理性の心を成長させてくれます。

 ## 好きなもの・大事なものを増やす

　理性に働きかけるアプローチのほかに、子どもの情緒を豊かに育てることも、大事なブレーキになります。

　その子にとって、好きなもの・大事なものが多いほど、それを自ら壊すような行動は回避しやすくなるはず。

　大人も、相手の態度に「ついカッとなって」も大事な家族を思い出して、事なきを得た経験がある方もいるでしょう。

　親は子どもの好きなモノやヒトを否定せずに、できるだけ尊重して、その子の世界を大事にしてあげると Good。

　例えば、こんな親の心がけで、まずは今ある「好き」が減らずに済み、さらにその子の世界を広げていけるでしょう。

- ●子どもが愛着しているモノは大事に扱う
- ●自分の好みやセンスとは違ってもある程度の理解を示す
- ●子どもの友だちや好きな芸能人などの悪口は言わない
- ●子どもの友だちを気遣う（「最近、〇〇君元気？」など）

　そして、子どもが自分自身のことを好きで、心身共に大事に思うことができれば、他人のことも大事にできると思います。

Q 近所の子が、毎日うちに居座ってなかなか帰りません。正直親子で迷惑していますが、なんだか気になる様子も……

A キッチリ線引きした上で、自分を主語に心配の気持ちを

最近、大人びている反面、ちょっと寂しい目をした子どもが随分増えたように感じます。様々な事情はあれど、毎日のようによそのお宅に上がり込んで長々と居座ったり、公園で暗くなるまで一人であそぶ子の話に私も胸が痛みます。

常に大人の都合が優先で放置された子は、自己肯定感や自尊感情が低く、様々な学習機会も減りがちなので、自分や他人を大事にする感覚が実感として掴めないのではないでしょうか。

その子が本当に欲しいのは、安全で暖かな部屋と、お菓子と、そしてあなたのような愛情深い親なのかもしれません。

とはいえ、現実的にはよそのお子さんに毎日家に居座られたら正直迷惑ですから、我が子のためにも「〇曜日はいいけど、**毎日はダメ」「うちの門限は〇時」「ルールが守れる子だけ、うちで遊べます（守れなければ、家に入れない）**」など、ピシッとモードでキッチリ線引きすることも必要でしょう。

また、遅くなって「おうちの人が心配しているよ」と家に帰るように促しても、「心配してないから、全然大丈夫！」と本人は受け取ることもあります。

ここは「**おばちゃんが心配だから、暗くなる前に帰りなよ**」と自分を主語にして、しっかりその子の目を見て真顔で言うなど、真剣さが伝わるアプローチがいいかもしれません。

ただし、万が一、その子に身体にアザや家に帰るのを極端に怯える様子などを見受けたら、最寄りの警察署や児童相談所に相談をお願いします。大人として、よそのお子さんを守ることが、結果的に我が子を守ることになります。

共生力を育てる声かけ

このCHAPTERは、今までのCHAPTERの応用編。
子どもの世界が外側に広がるのと同時に、周りとの不要なトラブルを減らし、自分で対処するための現実的なソーシャルスキル、つまり「共生力」を身につける接し方です。

周りの人に気持ちを伝え、自分とは違うものの感じ方・考え方を認め、少しの妥協や譲歩・交渉をしながら現実的な折り合いをつけて、お互いに歩み寄る「共生力」の土台となるのが、親子の日頃のコミュニケーションの積み重ねです。

そして親も、一心同体だった我が子との「自分との違い」を認め、少しずつ手を離していく……この過程がお子さんの未来できっと役に立つ日が来ます！

足りない言葉を促す

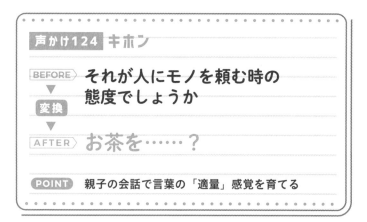

声かけ124 キホン

BEFORE
それが人にモノを頼む時の
態度でしょうか

変換

AFTER
お茶を……?

POINT 親子の会話で言葉の「適量」感覚を育てる

まず、大人も子どもも「対人関係のトラブルの多くは、言葉の過不足から起こりがち」と心得ておくといいでしょう。

一見、相手との相性や性格・人格の問題のように思えることでも、ほんの少し、言葉が足りなかったり、多過ぎたりする行き違いから端を発していることは多いものです。

子どもが言葉の「適量」感覚を身につけるキホンは、日常生活でのちょっとした親子の会話にあります。

例えば、子どもが喉が渇いた時に「**お茶!**」と単語で言われたら、「**お茶を……（どうして欲しいの）?**」と、省略された続きの言葉を促して、出てくるまでじっと待つべし。

または「**丁寧に言えたら、持ってきてあげる**」と条件をつけることや、コップを渡す直前で寸止めして「ありがとう」を言えたら渡すなど、人にモノを頼む時のマナーを教えるのもテ。

特に、言葉を省略しがちな子には、「ワザと察しない」ことで、必要に迫られて適切な言葉が出てくるまで、じっくり待ってあげるといいでしょう。

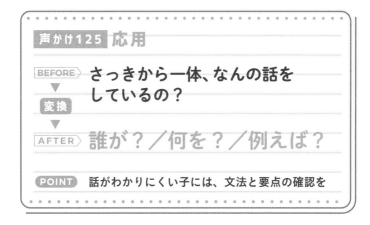

声かけ125 応用

BEFORE
▼
変換

さっきから一体、なんの話を
しているの？

AFTER 誰が？／何を？／例えば？

POINT 話がわかりにくい子には、文法と要点の確認を

おしゃべりだけど、主語など大事な情報をスッ飛ばして話を
どんどん進める、要点がまとまらない、とりとめなく話し続け
る……など、イマイチ話がわかりにくい子はいます。

こんな「言葉のあわてんぼさん」には「**誰が？**」「**何を？**」「**例
えば？**」「**つまり？**」「**だから？**」など、足りない情報を確認し
ながら軽くブレーキをかけたり、「**そうか、〇〇が～だったっ
てコト？**」「**なるほど、〇〇さんが～したのかな？**」など、話
の要点を確認しながら会話すると Good。

日常会話の中で、主語・述語・目的語など文法を意識したり、
話の要点を押さえたりする習慣は、勉強にも役立ちます。

また、弾丸トーク炸裂の「言葉のあわてんぼさん」がいる一
方で、「言葉のゆっくりさん」もいます。「ん、ん、んと……」
など1音を繰り返したり、「えーと～、うーんと～……」と、
話し出すまでに時間がかかったりする子です。

この間、その子は頭の中で（思慮深く、より適切な）言葉を
探しているのかもしれません。

急かすと緊張や言葉に対する不安から、余計にその傾向が強
まってしまうこともあるので、軽くうなずきつつ「穏やかに、
気長に、自然に」待ってあげるといいでしょう。

短文メッセージ・スレ違いの法則

デジタルコミュニケーションが当たり前の世界に生きている今の子ども達は、メッセージアプリやチャット、短文投稿SNSなどで、スピード感や見た目重視で「会話」しています。

相手に「即レス」するためには、スタンプや絵文字、そして省略言葉を駆使する必要がありますから。

例えば、「り」＝了解とか……暗号解読のようです（笑）。

でも、足りない言葉を頭の中で補うには「空気を読む力」が必要なので、空気を読むのが苦手な子や、逆に過剰に読み過ぎてしまう子は、負担になるかもしれません。

結局、言葉のスレ違いからトラブルに発展、気疲れしてSNS離れ……なんてことにもなりがちです。

また、この省略言葉の感覚が直接のコミュニケーションにも持ち込まれれば、同様の課題が出てくる可能性もあります。

ただ、ここまで子ども達に省略言葉の文化が浸透しているなら、それを前提にした新しいソーシャルスキルだって、必要なのかもしれませんね。

Q うちの子は発達障害ではないようですが、友だちと上手に関われず、よくトラブルになります。なぜでしょうか

A 現代はソーシャルスキルを自然と身につけにくいのです

発達障害がある子は、ほかの子のマネをしながらソーシャルスキルを身につけるのが苦手なことが多いようです。

でも、いわゆる「フツーの子」であれば、本来「周りを見て、自然と学ぶ」ことができるので、自動的にアップデートしながらソーシャルスキルを身につけていけるはずなのです。

ところが、少子化できょうだい児や近所の子が少ない、安全に遊べる場所が限られる、核家族や共働きの増加などで親子でコミュニケーションを取る十分な時間の確保が難しい、デジタルツールの普及で直接顔を合わせずにあそべる……などなど、今の子ども達は、これが当たり前の環境にあります。

人と直接関わる経験の絶対量が少なくて、親世代が子どもの頃とは大きく事情が違うのでしょう。つまり、発達障害のある子だけでなく、現代っ子は対面でじっくり人間関係を学ぶ機会が不足しがちで、人間関係で「当たり前のこと」を自然と学ぶのが難しい状況に置かれているのかもしれません。

するとお互いに、友だちに言ってはいけないこと・してはいけないことの境界線や、言葉の「適量」感覚や手加減がわからない、自分と違う個性や考え方を認められない……などと、やや柔軟性に欠ける関わり方になりがち。ちょっとしたことでトラブルになることもあるでしょう。

どんな子にも、発達障害のある子と同じように、一つひとつ、人との柔軟な関わり方を具体的に学ぶことは、現代の環境の中では特に必要だと、私は日々痛切に感じます。

まずは毎日の親子の会話から意識するといいでしょう。

優しい行動を入力する

声かけ126 キホン

BEFORE
▼
お母さんが調子悪いの、
見りゃあわかるでしょ!!

変換
▼

AFTER
お母さんは今、頭痛いから
休ませて

POINT 察しが悪い子はプログラミングのように入力

「そんなことは察して」「見りゃあわかるでしょ」と言いたく
なるようなタイプは、大人にも子どもにもいるでしょう（うち
にも！）。もう、こんな種族の方々には、以心伝心は期待せず
にハッキリ言うしかないんです。

　特に、人を思いやる、相手の体調や気持ちを気遣うなど「優
しい行動」は、一つひとつ、プログラミングするように、コツ
コツと具体的にその都度インプットするのがいいでしょう。

　例えば、こちらが頭痛で顔をしかめてうんうん言いながらソ
ファで休んでいるのに、子どもが容赦無く元気いっぱいダイビ
ングしてくる……なんて場合。「**かあちゃん、今、頭が痛くて
寝ているの、休ませて**」と具体的に理由や状況を伝え、わかっ
てくれたら「**ありがとう**」とフィードバックして、「優しい行
動」をインプットします。

　でも、「空気が読めない」は、「意志が強い」「自己主張できる」
などの素敵な長所でもあります。その場に合った適切な行動だ
け入力していけば、全然問題ナシですよ。

声かけ127 アレンジ

BEFORE あら、珍しいこともあるのね
▼
変換
▼
AFTER 優しいね。ありがとう

POINT 思いやりの芽を見逃さずにコツコツ入力！

普段は気の利かない子（あるいは夫）が、たまたま・偶然・気まぐれにでも、「優しい行動」をしてくれたら、すかさず**「優しいね。ありがとう」**とフィードバックするとGood！

例えば、ほんの数メートルだけ荷物を持ってくれた時（こちらから「ハイ！」と渡して、うっかり持ってしまった場合も含む）などに、小さな思いやりの芽を見逃さずに感謝の言葉を伝え続けると、だんだんと本当に優しくなってくれるでしょう。

プログラミングの法則

うちの長男はプログラミング教室に通っていますが、横から画面を覗き込むと結構子育ての参考になるんです。

プログラミングって、「もし、こういう条件の時には→このキャラクターはこう動く」ということをひたすらコツコツと入力していくのがキホン。さらに「YES ／ NO」などの選択肢で次々と分岐したり、ランダムな数値を取り入れたりすることで、より複雑で自然な動きが可能になるようです。

「周りを見て、自然と学ぶ」が苦手な子も、「優しい行動」をプログラミングと同じ要領で身につけられると思います。

CHAPTER

5

共生力を育てる声かけ

237

言外の意図を伝える

声かけ128 キホン

BEFORE サ・ム・イ！

▼

変換

▼

AFTER 寒いから、ドアを閉めて
くれる？

POINT 言葉を惜しまず、「して欲しい行動」を具体的に伝える

　真冬のとても寒い日に暖房の効いた部屋で快適にくつろいで
いたのに、子どもが元気に部屋を飛び出し、ドア開けっ放し！

　……なんて時に少々ドスの効いた声で「サ・ム・イ！」とに
らみを効かせても、「？　うん、確かに。冬だし」と思うだけ
で、それが「ドアを閉めて欲しい」という意図で言われてるだ
なんて、サッパリ気づかないタイプもいますよね。

　相手の気持ちを察することやその場の状況の判断が苦手だ
と、「サ・ム・イ！」だけでは「じゃあ、どうして欲しいのか」
までは伝わらないこともあるんです。

　ココは言葉を惜しまず**「寒いから、ドアを閉めてくれる？」**
と、「して欲しい行動」を具体的に伝えるといいでしょう
（Step39、p.132も参考に）。

　もしかしたら、言葉の過不足があるのはお互い様なのかもし
れません。家事の手は抜いても、言葉の手抜きはせずに、具体
的に最後まで伝えたほうが、日頃のストレスは減っていくで
しょう。

相手がわかる表現で「空気の翻訳」をする

　相手に言外の意図がスンナリ伝わらない時は「見たまま、感じたままの印象を短い言葉で」言っている傾向があります。

　自分の要望を伝えたい時、相手がわかる表現で伝わるように言葉の努力をしないと、双方向のコミュニケーションが成り立ちにくいんです。異文化交流と同じく、相手に合わせて「空気の翻訳」をするワケです。

　特に合理的な子には、そもそも察することを前提としない文化圏の外国人との会話の時と同じようにするとGood！

　そして、「生きた英会話」の習得と同じく、子どものコミュニケーション力も会話の「実践の場数」で決まります。

[空気の翻訳表〜言外の意図編]

〈BEFORE〉		〈AFTER〉
火ィ見てて！	▶	お鍋がブクブクしてきてお湯が吹きこぼれそうになる前に、弱火にしてくれる？
ジャマ！	▶	ココ通りたいから、端っこによけて通らせてくれる？
部屋散らかってる！	▶	落ちてるゴミをゴミバコに入れて、本を本棚に戻してくれる？
だらしないよ！	▶	制服のシャツをズボンにしまって、ボタンを留めるとキチンとして見えるんじゃない？

Q 子どもにASDの診断があり、いわゆる「アスペ」なのですが、一緒にいるだけでとても疲れてしまいます……

A アスペッ子はお互い言いたいことが言い合える関係がラク

が んばって来られましたね。お疲れなのは、今までお子さんの足りない言葉を察しながら、自分のことや気持ちを後回しにしてきたからではないでしょうか（私の経験上！）。

気持ちの一方通行やスレ違いばかりで、片方だけが合わせ続けていると、自分の心が見えにくくなってしまうことも。

これまでで、親子の愛着・信頼関係がしっかり築けてさえいれば、**「それはママ、イヤだ」「メンドクサイ」「やりたくない」**など、あなたの正直な気持ちは率直に伝えていいと思いますよ（ただし、感情はぶつけずに……）。

お子さんのほうも、たとえ周りの人に気遣われて自分の主張や要求が通っても、一方通行のコミュニケーションでは孤独を感じやすく、なんとなく寂しいかもしれません。お互いに言いたいことが言い合える関係がラクではないでしょうか。

その際、アスペッ子への接し方には「外国人・AI・宇宙人」を私はいつも参考にしています。もともと自分と言語（またはOS）が違う上、文化背景や思考回路も異なるワケですから。

多言語・多文化な環境で育った外国人の方は「自分はどうしたいのか、どう思うのか」を言葉でハッキリ伝え、意思表示を明確にすることを大事にしていますよね。

スマホの音声AIやスマートスピーカーも、最初は話が噛み合わなくても、次第に賢く学習してくれます。

そして、相手が宇宙人なら、うまく伝わらなくても**「異星人だから、しょーがない☆」**と割り切ることもできるでしょう。

子育ては長期戦。あんまりホンネをため込まないように……。

状況を解説する

声かけ129 キホン

BEFORE **空気読んで！**

▼

変換

▼

AFTER **今、みんなで○○している
ところだよ**

POINT 悪気がなければ、状況を解説して気づかせればOK

　家族でシリアスな展開のTVドラマを観ている時、長男が
「そういえば、今日、めっちゃ面白いことがあってさ〜」と、
突然自分のオモシロ話を嬉々として始めて、みんなに一斉にに
らまれる……（笑）。

　なんて、うちではよくあることですが、こんな場合、本人に
は悪気はなく、周りの状況に気づいてないことがほとんど。

　なので「**今、みんなで真剣にドラマを見ているところだよ**」
と、その状況を言葉で解説すれば気づけます。それでも察し
が悪ければ、「**今、大事なシーンだから、静かにしてくれる？**」
と、言外の意図も明確に伝えればOK。

　それで家族のために協力できたら「**ありがとう**」も忘れずに
……（オモシロ話は後で聞きます！）。

　これを繰り返すうちに、「シリアスなシーンで自分のオモシ
ロ話をしないほうがいいんだな」と、その状況に合った適切な
行動がわかってきたら、次は「肩をトントンとして気づかせ
る」「目配せする」などにステップアップするとGood！

BEFORE〉 ねえ、もうちょっと気を
遣えないの？

変換

AFTER〉 この主人公は、今、なんて
考えてると思う？

POINT 相手の気持ちに「想像を働かせる」練習をする

　空気を読みながら、その場の雰囲気で判断することは、マイペースな子には少々ハードルが高いかもしれません。

　こんな子には、「**今、（このドラマは）どんな場面だと思う？**」「**この主人公は、今、なんて考えてると思う？**」などと声かけして、ドラマや映画などの場面の状況や、登場人物の気持ちに「想像を働かせる」練習ができるといいでしょう。

　子どもの興味が向けば、推理サスペンスやミステリーものなどは特によい教材になります。

　また、周りの状況が目に入りにくい子の場合には、「**今、〇〇君はどうしてる？**」など、その場に合った行動をしている子などに目を向けて、身近なお手本に気づかせるのもテ。

　ただし、「お手本」の人選はその子が相手をどう思っているかが大事です。親や先生から見ての「優等生・模範生」ではなく、本人が好感を持てている子や親しみを感じている子のほうが、素直にマネしたいと思えるでしょう。

　日常生活の中で、こんなちょっとした経験を積んでいくことで、マイペース君も次第に周りの人に（ある程度でも）配慮ができるようになると思います。

Q 中学生のうちの子は、真面目でマイペースなのですが、クラスの雰囲気に馴染めず、なんだか浮いているみたい……

A 多感な時期に集団心理に流されないのは、素晴らしい強み

真面目でマイペースだけど空気が読めないタイプの子は、思春期頃から人間関係の悩みが増えるかもしれません。

中高生の集団の中では、部活の先輩に対する礼儀などの細かな「暗黙のルール」を察することが求められたり、誰が誰を好きかなどの空気の読み合いや、「SNSで既読スルーされた」なんて腹の探り合いが活発になったりするからです。

すると、ガールズトーク・ボーイズトークについていけず、クラスに漂う空気の圧力に疎外感や圧迫感を感じやすくなるのではないでしょうか（私もそうでした）。

でも、「空気が読めない」は言い換えれば、「集団心理に流されない」という素晴らしい強みでもあるんです。

真面目でマイペースな子は、クラスの子達の悪ノリや、「みんなであの子を無視しよう」なんていう同調圧力にも乗らず、たとえ学級崩壊状態でも教室の隅っこで黙々と、コツコツ自分のペースで勉強を進めることだってできます。

思春期では特に、居心地が悪い思いをすることもあるでしょうが、多数派だから常に正しいってワケでもありません。集団の中には人と違った行動が取れる人も必要なんです。

「常識・マナー・処世術」として、ある程度知っておかないと人間関係に大きな支障が出そうなところだけ、**「こんな場合には、大抵はこうするモノだよ」**と、言葉でその都度、適切な行動を教えてあげれば十分です。

「朱に交わっても染まらない」お子さんのオリジナリティは宝物として、大事に、大切にしてあげるといいでしょう。

CHAPTER

5

共生力を育てる声かけ

感じ方の違いに気づかせる

声かけ131 キホン

BEFORE そんなこと聞くモンじゃないよ

変換

AFTER ○○のことを、ほかの人に
言いたくない子もいるかもね

POINT 人によって感じ方の違いがあることに気づかせる

　悪口などではないのに、「そんなに傷つくと思わなかった」と、思いがけず他人を傷つけてしまった経験は誰にでもあると思います。これは、人それぞれにものの感じ方や受け取り方、背景にある事情や立場に違いがあるからでしょう。

　例えば、自分のテストの点を嬉々として教えてくる子もいれば、出来不出来にかかわらず聞かれたくない子もいます。

　これを通常大人は、相手次第で「この人はこの話題でもOK」「この人にはやめておこう」と経験から判断しています。

　でも、子どもは人生経験が少ない上、特に個性や育った環境が一般的な感覚とは違う子ほど、「自分の常識」を他人に当てはめたら、配慮やデリカシーに欠ける言葉になってしまって、苦い思いをすることもあるでしょう。

　これもその都度、「**こう思う人もいる**」「**こんな事情がある場合もある**」と、考え方や感じ方、立場や事情の違いがあることに気づかせると Good。この積み重ねが「思いやり」の気持ちの下準備になっていくと思います。

「違い」をゲームでも楽しく学べる

「みんながみんな自分と同じ考え方をするワケじゃない」「それぞれの立場で優先することが違う」などを楽しく学べるのがデジタル／アナログのゲームです。

主人公やパーティ編成、コマンドの選択肢次第で違うストーリーが楽しめるPRGやシミュレーションゲームなどは、冒険・クラフト・戦略・恋愛ものなど、実にバラエティが豊富なので、その子の興味に合うものを見つけやすいでしょう。

また、伝統的な将棋やトランプはもちろん、近年のアナログのボードゲームやカードゲームも趣向を凝らしたものが多数出ており、いろんな立場の人の心を推理する練習ができたり、トレードの交渉や心理的な駆け引きも楽しく学んだりできます。

また、演劇などで自分とは違う性格の役を演じたり、ディベートや模擬裁判などで違う立場に立って考えてみるのも、他人の心の動きを擬似体験できる効果的な方法でしょう。

 ## 極端な相手には現実的な対処も必要

それでも、自分は言葉に十分気をつけているつもりなのに、「こんなことであんなに怒るとは思わなかった」「急にキレられてワケがわからない」なんて相手もいますよね。

そんな人は、今までの人生で傷つく体験が多くて、自分の心を守ろうとするあまり、些細な言葉で過剰に反応したり、物事に極端な受け止め方をしてしまうのかもしれません。

とはいえ、相手を傷つけまいと神経を使い過ぎると地雷原を歩くようにものすごく消耗してしまいます。ある程度で「立入禁止ゾーン」を設定する、現実的な対処も必要でしょう。

それでも相手の地雷を踏んでしまったら、**「これは相手の宿題」**と線引きをし、早めに気持ちを切り替えればOKです。

BEFORE なんで「やめて」って
▼ 言わないの？

変換
▼

AFTER そういう時は「〇〇って言われる
と〜って思うから、やめて」って、
言うといいと思うよ

POINT ハッキリ伝えるには具体的なセリフでの助言を！

　今度は逆に、友だちに無神経な一言を我が子が言われた場合。たとえ悪意がなくとも、ハッキリ言われなければわからない、気づかない子っているものです。

　また、単に「やめて！」と言われても、何をどの程度でやめて欲しいのかわからない子や、「サイテー！」と怒られてもなぜそう思われるのか自分では気づけない子もいます。

　もし、子どもが友だちの言葉や行動で困っている場合には、具体的なセリフでアドバイスをするといいでしょう。

　ここは相手の「**なんて言葉（行動）で、自分がどういう気持ちになるのか**」を具体的に伝えるのがポイント。

　場合によっては、一度ではわからない相手もいるかもしれませんが、その都度繰り返し気持ちを伝えることで、徐々に「感じ方の違い」を理解してくれることもあります。

　相手に遠慮して、どちらか一方だけが自分の気持ちを抑え込む必要もありません。

　大人になれば、本人にハッキリ言ってくれる人は少なくなるもの。もし、その相手が本当の友だちなら、「ハッキリ言ってあげるのが親切」でしょう。

多様なものの見方・考え方に触れていく

子どもが相手の気持ちや考え方の違いを想像できるようになるには、日頃から親子の会話の中でも、世の中には多種多様なものの見方・考え方があることに触れていくと Good。

また、多くの本やニュースを読むことなどでも、家でじっくりと視野見聞を広められるので、人と関わるのが苦手な子にもオススメです。

そして、親子で日々の出来事や世界のどこかで起こった事件について話し合う時に、相手の背景にある事情や考え方を「**こうかもしれないし、こうかもしれないね**」と、一緒に推察していくといいでしょう（ただし、決めつけないこと）。

また、「**かあちゃんは平気だけど、相手によっては気になるかもね**」「**日本にいたら気にならないけど、国によっては〇〇が原因でこんな事件にもなるのかもね**」などと、いろんな捉え方や文化背景があることをさり気なく伝えるのも OK。

でも、占い師のように他人の気持ちをドンピシャで当てることは誰だってできません。その人本人以外は、本当のところはわからないからです（時に、本人ですら、自分の気持ちがよくわからないこともあるでしょう）。

それでも他人の気持ちを想像し、理解しようと努力する中で、「他人には、自分とは違う心があるんだな」ということ自体に気づいていく過程が大事なのです。

子どもは、自分が世界の中心にいた赤ちゃん時代から、成長に伴ってだんだんと周りが見え始め、思春期の頃にはお互いの感じ方や考え方の違いがあることに気づいていきます。

そうして自分と他人の線引きを重ねる中で、理解したり反発したり、ちょっぴり寂しさを感じたりしながらも、ちょっとずつ大人になっていくんじゃないでしょうか。

一般常識を知識として教える

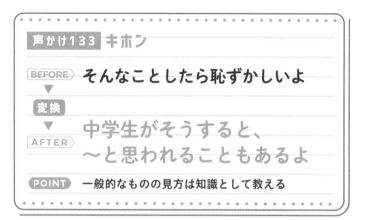

声かけ133 キホン

BEFORE ▶ そんなことしたら恥ずかしいよ

変換 ▼

AFTER ▶ 中学生がそうすると、
〜と思われることもあるよ

POINT 一般的なものの見方は知識として教える

　たとえ親がその子自身との比較で「この子なりでいい」と受け容れても（Step30、p.109）、現実的には、周りの人はそう受け止めてはくれないこともあります。

　特に周りに気づきにくい子は、小さな頃であれば許されても中高生なら「アウト！」になることもある、という世間の目の変化に気づかず、多少引かれる程度ならまだしも、場合によっては不要なトラブルに発展することもあるでしょう。

　人目を気にしない子や、様々な理由で一般常識を自然と身につけるのが難しい子には特に「**そういう行動（態度）は、こう受け取られやすい**」「**それは、5才なら『カワイイ』けど、15才なら『不審者』だと思われます**」などと、「一般的には、周りからどう思われるのか」ハッキリ伝え、その都度知識として教えておくほうがいいでしょう。

　あまり、世間の目ばかり気にするのも息苦しく感じますが、「知らなかった」「気づかなかった」がゆえの不利益は、事前の知識で避けられます。

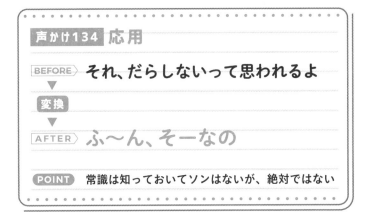

声かけ134　応用

BEFORE　**それ、だらしないって思われるよ**
▼
変換
▼
AFTER　**ふ〜ん、そーなの**

POINT　**常識は知っておいてソンはないが、絶対ではない**

　一般常識は、知識として知っておいてソンはありませんが、必ずしもその通りにする必要もありません。

　子どもがある程度大きくなれば、「知っててやった」結果は「自己責任」でもいいでしょう。

　例えば、年頃の子どもが制服のシャツをズボンから出しているのが気になり、「シャツをインしないとだらしないって思われるよ」と、親が一般的なものの見方を教えても「いーんだよ、オレはこうしたいの！」と聞き入れない場合（本人は内心「そんなの、クソダッセエ」と思っているでしょう）。

　冠婚葬祭や学校行事など、場をわきまえないと周りに迷惑がかかったり、受験の面接などで印象が悪いと本人の不利益になりそうな時は、「納得できる理由を説明する」（Step66、p.217）「結果の予測と因果関係を伝える」（Step67、p.220）などで、事前によく話し合うとGood。

　でも、特に誰にも迷惑がかからない場合には、「常識を知った上で、あえてそうしない」本人の意思を尊重して、「**ふ〜ん、そーなの**」と軽く流すのもいいんじゃないでしょうか。

　まあ、その結果、生徒指導の先生に怒られるのも「自己責任」ですけどね。

親自身の「常識力」に自信がない時には……

子どもに常識を教えたくとも、親自身も自分の「常識力」に自信がない場合、例えば、こんな方法で一緒に学べます。

- マナーや一般常識に関する本・動画を一緒に読む・観る
- 一緒にアンケート結果などを参照して**「こう思う人が70％くらいいるんだね」**と、一般的な感じ方をデータで知る
- 身近な常識人に**「こういう場合どうするか」**聞く！

改めて「一般常識」を学び直してみると目からウロコが落ちることも結構あるんですよ（経験者・談）。

ニューヨーク・ブラザーの法則

もし、大人が道の真ん中で鼻歌を歌いながら踊っていたら、日本では周りの人に避けられそうですが、別の環境では「日常の風景」なのかもしれません。

ちょっと思い出話を……。20数年前、私が大学を休学して、アメリカをぶらぶらしていた頃のこと。

多種多様な人々が往来するニューヨークの歩道の真ん中で、ラジカセを抱えて大音量で音楽を流し、軽快なステップを踏みながら、「俺様に注目しろ！」と言わんばかりにノリノリで闊歩するブラザーがいても、誰も気に留めずに通り過ぎていくことに当時の私は大変な衝撃を覚えました。

ところがSNSを見ていると、外国の方が、最近の日本では、渋谷のスクランブル交差点でポケモンの着ぐるみを着て歩く人が「日常の風景」になっていることに衝撃を受けていました（笑）。

自分が信じてきた「常識・非常識」も絶対的ではなく、環境や時代の流れでコロコロと変わっていくのでしょうね。

物事を両面から見る練習

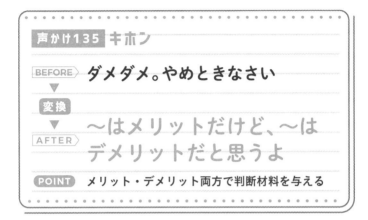

声かけ135 キホン

BEFORE ダメダメ。やめときなさい

▼

変換

▼

AFTER 〜はメリットだけど、〜はデメリットだと思うよ

POINT メリット・デメリット両方で判断材料を与える

　子どもに限らず、人は時に自分にとって都合の良い情報ばかりに目がいってしまう。逆に、ネガティブな情報だけを拾い上げ、物事を一方向から見て「コレしかない！」「こうするしかない！」と思い込んでしまう、なんてこともありますよね（特に純粋で一途なタイプは、だまされやすいので要注意！）。

　メリット・デメリット両方を客観的に見比べ、十分納得した上で自分で判断すれば、お買い物から進路まで、結果にかかわらず選択を後悔することを減らせるでしょう。

「長所と短所をセットで見る」（Step29、p.106）などを親が日頃から意識していると、子どもも次第に物事の両面に目を向けやすくなります。

　それでも「一方向から思い込んでるな」と感じたら、**「それは〜という点はいいけど、〜という点は難しいと思うよ」**などと、物事のメリット・デメリット、ソン・トク、ポジティブ面・ネガティブ面などの両方から判断材料となる情報を与えた上で、本人の意思で決められればベストだと思います。

「メリット・デメリット」を表で比較する

「物事を両面から見る」練習にいいのが、親子で話し合いながら、「メリット・デメリット」「ソン・トク」などを一覧表に書き出し、点数をつけて検討する方法です。

例えば、通販番組の魔法のフライパンを見て「すげー！　絶対コレ買うしかない！」と、子どもが思い込みを強めている場合……（うちの実例です（笑））。

[メリット・デメリットの比較例]

メリット・トク・＋なこと	点	デメリット・ソン・ーなこと	点
釘を炒めても 傷つかない	+9	金属以外のフライ返しを 使えば十分	−10
マッチョマンでも 曲げられない	+8	通常、料理中にそんなに 力を加えることはない	−9
コゲつかない	+9	通常のフライパンなら、 コゲても同額で〇回買える	−10
合　計	26	合　計	−29

結論：今回は見合わせ今あるフライパンを使い倒してから再検討

……このように、冷静に両者を見比べ、検討してみるといいでしょう。物事を両面で見ることに慣れてきたら、表を書かなくても、頭の中で比較できるようになると思います。

「あばたもえくぼ」の法則

ことわざに「あばたもえくぼ」って、ありますよね。恋をすると相手のお顔の欠点ですら素敵に見える、という意味。

反対に、その人が嫌いだと、身の回りのものまですべて不愉快になってくる、という意味の「坊主憎けりゃ、袈裟まで憎い」なんてのもあります。

人は強い感情に引っ張られると、ついつい片方の情報ばかりを見つめてしまいがち……という、先人の教訓でしょう。

この「思い込みパワー」が、本人にとっていい方向で働けばいいのですが、時に、周りの人から誤解されるモトになったり、自分で自分を追い込んでしまうこともあります。

例えば、子どもが最初は一人の友だちの「A君のこういうところがヤダ」程度だったのが、相手の欠点だけを見続けてしまうと「A君が嫌い」→「そのグループの子達も嫌い」→「このクラスも、学校も」と嫌いが拡大して、独りでに孤独を感じてしまう、なんてこともあるかもしれません。

あるいは、子ども同士のトラブルやケンカで、親が「うちの子は一切悪くない！」と、すべて相手の子や学校のせいにしてしまうと、周りから次第に距離を置かれたり、職員室で「モンスターペアレント」扱いされてしまう、なんて可能性もあります。

うっかり衝動的にフライパンを買わされる程度ならまだしも、特に対人面での強い思い込みがあると、その子・その人も手痛い思いや孤立をしがちですし、さらに一度生じた周囲の誤解を解くのは結構大変だったりもします。

「物事を両面から見る」「多角的な視点で検証する」などの練習は、まずは、日々の買い物やお出かけ先選びなど、身近で小さなことから始めて経験を積み重ねるとGood。

すると、次第に複雑な人間関係にも応用できるようになるでしょう。

声かけ136 **キホン**

BEFORE ▼
変換
**なんですって！
うちの子がバカにされたッ!?**

AFTER なんて言葉でそう思ったの？

POINT 気持ちに共感しつつ、事実と意見の線引きを

　時には、我が子が友だち関係で「〇〇君に笑われた」「無視された」などと、悲痛な気持ちを訴えることもあるでしょう。そんなことを聞けば親も穏やかではありませんよね。

　でも、相手が本当にバカにした気持ちで笑ったり、意図的に無視したりした可能性もあれば、悪気はなく、たまたま別の理由で笑ったように見えた、単に話しかけられたことに気づかなかった、なんて可能性だってなきにしもあらずです。

　ここでよく確認したいのは、前後の状況と具体的な言葉や行動（事実）と、本人がそれをどう受け止めたか（意見）です。

　まずは「話を否定せずに聴く」(Step12、p.54)「気持ちに共感する」(Step13、p.57)などで、子どもの気持ちを十分受け止めます。

　そして、落ち着いてきたら**「なんて言葉でそう思ったの？」**などと、穏やかに丁寧に事実を確認し、感情と感覚は否定せずに**「なるほど。（相手のこういう言葉・行動）で『笑われた』と感じたんだね」**と、「事実と意見」を整理しながら客観視する手助けをしてあげるといいでしょう。

 事実と意見の線引き

　思春期の子どもは特に、ナイーブで傷つきやすく、取り扱いが難しく感じられることが多いでしょう。

　ましてやもともと感受性が強くて繊細な子や、後天的に失敗・叱責体験が多いなどで心身が深く傷ついた体験があって、自分の心を守ろうとする力が強い状態の子はなおさらです。

　こんな繊細な時期は、ちょっとした刺激（他人のほんの一言や言葉端の表現、パッと目に入った表情や態度など）がキッカケで過去の記憶から強い感情が再生され、極端に思い詰め、拡大解釈やカンチガイをしやすい傾向があるようです。

　これは周りから誤解される原因にもなり、本人も何度もイヤな気持ちを繰り返し味わったり、集団から孤立したりするなど、しんどい想いをさらに強めてしまうかもしれません。

　深刻な事態になる前に、誰にでもある「ちょっとしたカンチガイ」の段階から、「事実と意見の線引き」を練習しておくと軌道修正しやすくなるでしょう。そして、もしお子さんに深刻な様子があれば、早めに児童精神科や心療内科、カウンセラーなどの力を借りることを強くオススメします。

　例えばこんな方法で、事実と意見の線引き力をUPできます（ただし、子ども一人で行うと、思い込みを強める可能性もあるので、親子やほかの大人と一緒に取り組む必要があります）。

- 子どもが気になる出来事などをふせんやメモに書き出し、「事実」「自分の意見」「相手の意見」に仕分ける
- 普段から折に触れて、テレビのニュース解説や新聞のコラムなどを見ながら、**「これは事実かな？　それとも、この人の意見かな？」**など、親子で会話しながら一緒に考える
- 学校の国語の「事実文と意見文を分ける」などの単元を活用する、論理力を鍛える市販のワークや問題集に取り組む

声かけ137 キホン

BEFORE そんなの考え過ぎ！

変換

AFTER みんなって、
例えば、誰と誰かな？

POINT 視野を広げて「全体」にも目を向けられるように

　子どもが思い詰めている時には、ひとつのことで頭がいっぱいになり、ほかの情報が目に入らないこともあるでしょう。

　たとえ「事実」でも、虫眼鏡で観察するように、その部分だけを拡大して見続けたら、心の視野が狭くなってしまいます。「部分」と「全体」の視点を柔軟に切り替えられると、必要以上に思い悩まずに済むかもしれません。

　例えば、子どもが「みんながバカにする」と訴える時、クラス全員なのか、数人程度なのかで大分状況が違います。まずは**「みんなって、誰と誰かな？」**と具体的に確認するとGood。

　もちろん、数人程度でも、イヤなことをされたら本人がつらい気持ちになることには変わりないので、そこは十分受け止めてあげつつ、**「ほかの子達はどうしてた？」「イヤなことをしなかった子は誰？」**など、「それ以外」や「全体」の情報にも目を向けられるようにしてあげるといいでしょう（もちろん、本当に深刻な状態の場合はスグ「いじめ対応」を）。

声かけ138 応用

BEFORE▶ いいから学校行きなさい！

変換
▼
AFTER▶ そうか……
〇〇小学校がイヤなんだね

POINT 話が拡がってきたら、「全体」を「部分」に戻す

　子どもが学校でつらい思いや失敗体験を重ねると、「学校」や「みんな」などの「全体」にもネガティブなイメージができ、否定的な気持ちが拡大してしまうかもしれません。

　繰り返しますが、そんな時にはまずは子どもの気持ちを否定せずに十分受け止めてあげることが大事です。

　その上で、**「学校なんてキライ」→「〇〇小学校がイヤなんだね」、「みんながバカにする」→「AさんとB君が、『〇〇』って言うんだね」**などと、拡がった「全体」を具体的な事実での「部分」に戻し、言い直してあげるとGood。

　今いる学校だけが「学校」のすべてではないし、「みんな」と一つの言葉でまとめると、その中の個別の「プラスの存在」「無害な存在」も見えなくなってしまいますから……。

　子どもが「部分」ばかり見つめていたら「全体」に視点を切り替え、イメージが「全体」に拡大してきたら「部分」に注目し直すのが、心の柔軟性を高めるポイントです。

　こうして、「部分」と「全体」の視点を上手に切り替えられるように親がリードしてあげると、だんだん心のピント調節が上手になって、自分で自分を追い詰めずに済んだり、問題解決へのプラスの材料にも気づきやすくなったりするでしょう。

 **言葉が届かない時は、感覚的なアプローチも**

子どもが（大人も）強く思い詰めている時、自分でもイヤな思考のループから抜けられないこともあります。

こんな時は、周りが何を言っても言葉が届かず、なかなか柔軟に視点の切り替えはできないものでしょう（だからこそ、日頃の積み重ねが大事！）。

この場合、おやつタイム、窓を開ける、散歩に誘う……などで一息ついて物理的に視界を拡げ、自然と周りが目に入るように感覚的なアプローチも試してみるといいでしょう。

個包装のお菓子の法則

最近は、個包装や少量パックのお菓子がいろいろありますよね。私も、子ども達のいない間にスナック菓子1袋を丸ごと独り占めするのは気が咎めますが、少量パックには「まあ、これくらいなら……」と、つい手が伸びてしまいます（笑）。

人間関係もこれと同じで、「全体」に対してイヤなイメージができてしまった場合でも、「個包装」……つまり個々にバラしてしまえば、「意外と食える」というワケです。

例えば、ママ友グループなどが「あの人達、いつも固まってヒソヒソしてて、なんかヤな感じ」と思えても、一人ひとり個別に見て、1対1で個人的につき合ってみれば、「〇〇さんって、意外と話せる人だった」なんてことも結構あります。

集団に属しているとそこでの役割があるでしょうが、全体のパッケージを開封すれば、個別の個性が見えてくるもの。

「個包装」にバラすコツは、「みなさん」や「〇〇さん達」とひとつにまとめずに、**「〇〇さん」**と、一人ずつその人の名前で呼びかけることです。

妥協の練習

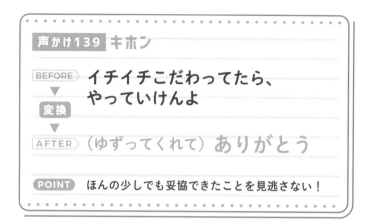

声かけ139 キホン

BEFORE **イチイチこだわってたら、やっていけんよ**

▼

変換

▼

AFTER （ゆずってくれて）ありがとう

POINT ほんの少しでも妥協できたことを見逃さない！

　ここまでで、「感謝を伝える」（Step23、p.86）、「こだわりを和らげる」（Step62、p.205）「ガマンにごほうびを与える」（Step63、p.209）などを続けていると、親子の間にかなり「話し合いの余地」が生まれてきているんじゃないかと思います（多分！）。

　ここでさらにもう一歩。人間関係を円滑にするコツは、お互いにほんの少しでも妥協できたことを見逃さずに「**（ゆずってくれて）ありがとう**」と、その都度感謝を伝えることです。

　特にこだわり派で完璧主義の子は、人にゆずったり妥協するのはまるで自分の完成された世界をハッキングされるようにとても苦しいことでしょう。

　完璧さを追求する「一切ゆずらない・絶対に妥協しない」姿勢は、職人気質で完成度の高い「いい仕事」につながる素質もありますが、人間関係では「あの人は、全然話が通じない」印象がして敬遠されてしまうこともあります。

　対人面では小さな妥協の練習を積み重ねておくと、折角の素晴らしい個性を長所や才能として活かしやすくなるでしょう。

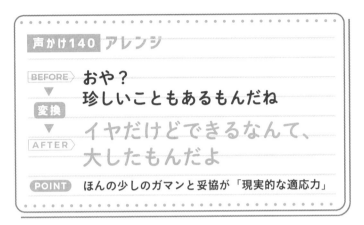

声かけ140 アレンジ

BEFORE
おや？
珍しいこともあるもんだね

変換

AFTER
イヤだけどできるなんて、
大したもんだよ

POINT　ほんの少しのガマンと妥協が「現実的な適応力」

　片づけや宿題など、その子があんまり好きじゃない・得意じゃないことに対しても、子どもから「イヤだけどやる」「面倒だけどしょーがない」などの言葉が出てくるようになったら、親は少しは安心してもいいんじゃないでしょうか。

　だって、たとえ将来、幸運にも自分の「好き」や「得意」を活かした仕事に就けたとしても、イヤなこと・苦手なこともセットで少しついてくることが大半だからです。

　例えば、人と話すのが苦手でも一つのことにじっくり取り組める子は研究者などに向いていますが、それでも1日中研究室で研究だけに黙々と没頭できるわけではありません。

　現実的には、人との最低限のコミュニケーションや、事務・雑務、モノの管理なども少しはできないとメシが食えません（これは、私のような在宅ワークの個人事業主も同じです）。

　ですから、自分がやりたいことのためには、ほんのちょっとだけ、イヤなこと・苦手なことも、ガマンしたり妥協したりできる力が「現実的な適応力」と言えるでしょう。

　なので、子どもがシブシブでも少しのガマンや妥協ができたら、親は喜んであげるといいと思います。

おモチとおせんべの法則

　子ども……特に思春期に、周りが（さらには自分自身でも）過剰な期待やプレッシャーをかけ続けると、「0か100か」などの極端な考え方に陥りやすくなるようです。

　例えば、「学校に行くか、自殺するか」「地元のトップ校に受験で落ちたら、人生終わり」などの究極の選択しか思いつけなかったり、誤解や曲解をしがちだったり、適応障害やうつ病などの心の病になりやすいように思います。

　こんな極端な思考回路が出来上がるのを回避するためには、「少しの妥協」「不完全さ」「テキトーさ」「中間の選択肢」などをある程度受け容れられる、おモチのような心を子どもに育てることが必要だと私は思っています。

　おせんべのように乾いた頑なな心は強い圧力が加わると、パキッと簡単に割れてしまうかもしれません。たとえ子どもに生まれながらの固い心があったとしても、親や周りの大人が**「ありがとう」「〇〇しただけでも、よくがんばったね」**などと伝えながら、遠火でじっくり温めてあげるといいでしょう。

　そして、ちょっとくらい失敗してコゲても**「ま、いっか」「しょーがない」「なんとかなるよ」**と大らかに受け止めていると、「外はカリッと、中はもっちり」の強さと柔軟さを兼ね備えた粘り強いおモチになれるかもしれません。

　……まあ、私はおせんべも結構好きなんですけどね。特に味の染み込んだ割れ煎餅って、美味しいんですよね。

Q 一人っ子で甘やかしてきたせいかワガママに育ち、中学では不登校気味。周りの子達はどんどん大人びていくのに……

A 理想と現実のバランスを取りながら、手を離すことが大事

お子さんにご両親がしっかり愛情を伝えながら育ててきたのは素晴らしいと思いますよ。

ただし、思春期になる頃には、子ども達は「すべてが自分の思い通りになるわけではない」「親がほめてくれても、それは身内だから」……などの「現実」が見え始めてきます。

そして、きょうだいのいる子や、大勢の子ども達と揉まれながら育ってきた子は、おもちゃや親の膝の上を奪い合い、衝突と和解を繰り返す中で、現実と折り合う力を身につける機会が必然的に多くなります。そんな、現実に対して自分を合わせようとする姿が、周りには「大人びて」見えるのでしょう。

ところが、（一人っ子に限らず）周りの人がなんでもその子に合わせ過ぎたり、苦手なことや面倒なことを避け続けたり、いつまでも大人が手助けしたままだと、自尊感情や自己肯定感は育っても、現実の認識力が甘く、実際に自分でできる「実力＝自己効力感」が身につかないこともあります。

すると、理想の自分と現実の実力のギャップが大きく開いてしまい、学校などの環境に対して不満を感じたり、対等な友人関係を築きにくくなったりしてしまうかもしれません（生まれつき凸凹差の大きな子も、同様の傾向があることも）。

きっと、その子自身は「わかってもらえない」「こんなハズじゃないのに」と、もどかしい思いをしているでしょう。

これを乗り越えるには現実を直視し、理想の自分とのバランスを取りながら、徐々に手を離すことが必要だと思います。

大丈夫、お子さんは根っこのところは強い子ですから。

相手の都合を聞く練習

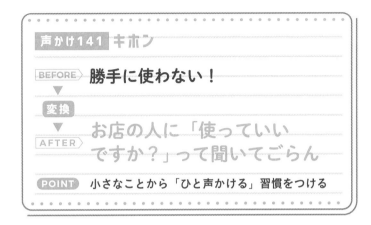

声かけ141 キホン

BEFORE **勝手に使わない！**

▼

変換

▼

AFTER お店の人に「使っていいですか？」って聞いてごらん

POINT 小さなことから「ひと声かける」習慣をつける

「意思の確認をする」（Step18、p.72）「選択肢から選ばせる」（Step19、p.75）「意見を取り入れる」（Step20、p.78）「子どもの都合を聞く」（Step40、p.136）などを続けていると、次第に子どものほうも「相手にも（自分とは違う）意思があり、それぞれに都合もある」ことなどを想像しやすくなっていると思います。

それでも、「自己中心的」「自分勝手」などと思われがちな行動を取ってしまう子はいるでしょう。これは「自己主張できる」「行動力がある」などの長所でもありますが、他人の気持ちや都合を一切考えないとなると、せっかくリーダーや改革者になれる素質があっても、周りの人がついてこれません。

こんな子には特に、日頃から「相手の都合を聞く」習慣をつけておくと長所を活かせる機会が増えると思います。

例えば、飲食店の隣の空きテーブルのイスなども黙って勝手に使わずに、一応**「コレ、使っていいですか？」**と、「ひと声かけて」許可を得るように促すなど、自分で「相手の都合を聞く」ように小さなことから練習できるといいでしょう。

「わからなければ人に聞く！」習慣を

　特に、空気が読めない子や周りに気づきにくい子は「わからなければ人に聞く！」シンプルなコミュニケーションの習慣をつけると、将来必ず「処世術」として役に立つでしょう。

　暗黙のルールも、TPOも、相手の気持ちも、一生懸命想像し、ネットで検索し、知恵袋で聞いてもわからなければ、相手に直接聞けばいいんです！　聞けば！

　最初は親が「誰になんて聞いたらいいのか」助言しながら、習慣として定着するまでつき合ってあげるとGood。

　これさえできれば不要なトラブルがグッと減り、マイペース君への信頼度がグンと上がるので、「空気が読めない」は、むしろ長所として活かせるようになると思いますよ！

　例えば、以下のような言葉で、相手の都合を（スマートに）聞くことができます。

［相手の都合を聞く言葉］

「今、〇〇してもいいですか？」
（タイミングを聞く）

「どんな服装で行けばいいですか？」
（TPOを聞く）

「これでいいですか？」
（確認・チェックしてもらう）

「時間は大丈夫ですか？／今、話しても大丈夫ですか？」
（相手の次の予定への配慮など）

「（自分はこうしたいけど）〇〇さんはどう思いますか？」
（相手の気持ち・考えを聞く）

「どれがいいですか？／どっちがいいですか？」
（都合のいいほうを相手に選んでもらう）

交渉する

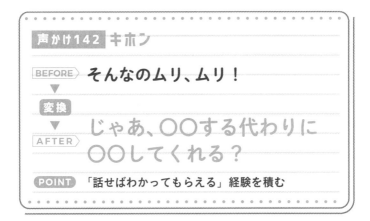

声かけ142 キホン

BEFORE そんなのムリ、ムリ！

変換

AFTER じゃあ、○○する代わりに ○○してくれる？

POINT 「話せばわかってもらえる」経験を積む

「お決まりパターンを崩す」（Step61、p.202）では、「お手上げ状態になる『前』と『後』に注目すれば、できることはある」とお伝えしました。

これを発展・応用すると、「事前」と「事後」の交渉でトラブルを事前に回避したり、丸く収めたりできます。これは、子ども自身もぜひ、身につけておきたい技のひとつ。人間関係でも大きな揉め事が減りますから……。

そこで、まずは親が「交渉する」お手本を見せます。「交渉」って難しそうですが、つまりは「話し合い」です。

そこで「話せば、相手にわかってもらえる」経験を積めば、人との関わりにも必要以上に壁を感じずに済むでしょう。

例えば、子どもが欲しいものや、やりたいことがある時などに、最初から「ムリ、ムリ！」と頭ごなしに突っぱねずに**「じゃあ、こうする代わりにこうしてくれる？」**など、実現可能な交換条件を出すなどして、最終的にお互い納得できる落としどころに落ち着くまで、親子でよく話し合うと Good！

CHAPTER

5

共生力を育てる声かけ

265

BEFORE ▼ ツベコベ言うんじゃない！

変換 ▼

AFTER 今は○○な理由でできないんだよ。協力してくれる？

POINT 大人同様、誠心誠意「できない理由」を説明する

　子どもの希望を叶えてあげたくても、親の都合でどうしてもできない場合もありますよね。そんな時に子どもにブーブー言われると、力技で封殺したくなりますが（笑）、ココは「納得できる理由を説明する」（Step66、p.217）「結果の予測と因果関係を伝える」（Step67、p.220）などの応用です。

　やむを得ず子どもの要求を断る時には、「こちらの都合で申し訳ない」という姿勢で、誠心誠意・懇切丁寧に「できない理由」を説明し、協力をお願いするといいでしょう。

　子どもが成長してくると、機嫌直しにアニメのDVDを観せるなどの文字通り「子どもだまし」はもう通じないでしょう（私もトーマスのDVDには随分お世話になりましたが……）。

　そろそろ半人前の「子ども」から、親と対等な「一人の人」として扱ってあげる時期に来たのかもしれません。

　欲しいものに限らず、子どもの主張を力技で押さえ込みたくなったら、「もし、相手が友人の○○さんだったら、自分はなんて言葉で伝えるかな」など、相手を友人や会社の同僚などに一旦置き換えて、伝え方を探してみるのもいいでしょう。

　誠実な態度で丁寧に話せば、きっとわかってくれます。

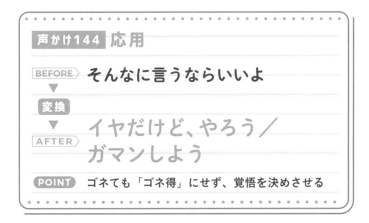

声かけ144 応用

BEFORE ▼ そんなに言うならいいよ

変換 ▼

AFTER イヤだけど、やろう／
ガマンしよう

POINT ゴネても「ゴネ得」にせず、覚悟を決めさせる

　交渉は大事ですが、子どもの不当な要求・過剰な要求に親が折れることや、本来は本人がやらなければならない「イヤなこと・面倒なこと」をやらずに済む、いわゆる「ゴネ得」「逃げ得」という結果だけは避けたほうがいいでしょう。

　これは、子どもに間違った学習（誤学習）をさせるモト！

　ゴネたり、暴れたり、大騒ぎしたりの不適切な行動の結果、欲しいものが手に入ったり、イヤなことをやらずに済めば、子どもの要求や不適切な行動がエスカレートしてしまいます。

　その環境で生きていく上で、メンドクサイけど「どうしても避けられないこと」ってありますよね。

　親が不平不満を十分聴いてあげたり、負担を減らす工夫や配慮をしたり、一緒にやってあげたりしつつも、譲れないところだけはビシッとキッパリ線を引く必要があります。

　ココは「イヤだけど、やろう」「ガマンしよう」「今回は諦めて」「それだけはできないんだよ」など、毅然と真剣に伝えて、覚悟を決めさせるのがいいでしょう。

　その結果、子どもが自分の義務や責任を果たせたら、いつも以上に沢山ほめて、ねぎらい、感謝を伝えると Good ！

Q 子どもに発達障害があり、中学まで支援級・通級でサポートを受けてきたけど、卒業以降どうしたらいいのか不安です

A 生活スキルと「話せばわかる人」になることが自立のカギ

発達障害がある子のうち、「特別支援学級か、通常学級か」で悩むタイプの子や、通級指導教室や各種サポート併用で通常学級でなんとかがんばれてきた子の場合、義務教育以降の公的支援が途切れてしまう現状がまだまだあるようです。

現在（2020年）、こういった子ども達は、普通高校に支援級はなく、特別支援学校は入学要件に合わず、公立高校での通級指導教室の開設が一部でようやく始まりつつある……という状況に置かれているので、親が不安になるのも当然です。

ただし、進路に関しては、公私の全日制普通高校のほか、専門高校・定時制・通信制・単位制高校、サポート校・フリースクールなど、多様な学びの場の選択肢も近年増えているので、その子の個性に合った環境を柔軟に検討できるといいでしょう。

それと並行して、学習以外の「自立のために必要な教育」を家庭と外部のサポートで継続していくことがカギです。

家庭では、料理や買い物、金銭管理などの最低限の生活スキルが身につくまで、親が根気よくつき合う必要があります。

そして、大人になるまでに（あるいは、成人後でも）、「話せばわかる人」になれるように、日々の生活の中で、なんでも親子でよく話し合って交渉しながら、多少の妥協や譲歩の経験を繰り返しておくことが大事です（スクールカウンセラーや医療・支援機関、民間のサポートなども頼れますからね）。

どんな仕事に就いても、「全く話が通じない人」だと人間関係で何かと難しいでしょうが、ある程度でも「話せばわかる人」ならば、少々個性的でもなんとかなります！

相手に断る練習

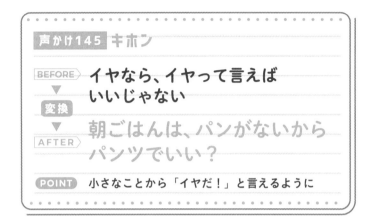

声かけ145 キホン

BEFORE **イヤなら、イヤって言えば いいじゃない**

変換

AFTER 朝ごはんは、パンがないから パンツでいい？

POINT 小さなことから「イヤだ！」と言えるように

　優し過ぎて、自分の気持ちや都合を後回しにする子は、一見問題なくクラスで過ごしているように見えるでしょう。

　ですが、言えなかった感情を内側に溜めやすく、また、親や先生を心配させないように気遣うことも多く、ストレスや問題を一人で抱え込んでしまいがちです。

　ここまでで「話を否定せずに聴く」（Step12、p.54）「気持ちに共感する」（Step13、p.57）などを続けて「どんな気持ちでも、あっていいんだな」ということが伝わっていれば、次第に自分の感情を外側に表現できるようになってきていると思います。

　それでも、子どもが友だちに「イヤだと言えない」と悩んでいたら、まずは家庭で小さなことから「イヤだ！」と口にすることに慣らし、それを軽く受け止めてあげると Good。

　例えば、**「朝ごはんは、パンがないからパンツでいい？」**なんて、くだらない冗談のツッコミでも OK。

　これは俳優さんの発声練習みたいなものです。言い慣れた言葉なら、外でもスラスラ出やすくなるでしょう。

子どもの悩みには、親のお手本が活きてくる

　子どもが「相手に嫌われたくなくて、イヤなことを断れない」場合も、これまで「許容範囲のラインを引く」(Step58、p.192)「納得できる理由を説明する」(Step66、p.217)などで、親がお手本を見せていると行動しやすくなっているでしょう。

　親から子への声かけと同様に、今度は子ども自身から友だちなどのお願いを断る時も、できるだけ丁寧に誠実な態度で、できない具体的な理由を説明することや許容範囲を明確に示すことで、納得してもらいやすくなります。

　この時、**「でも、代わりにこれならできる」「今スグはできないけど、〇曜日までなら大丈夫」**などの代替案・譲歩案が用意できればなおヨシですから、助言してみるのも Good。

　でもこれは、大人でもかなり難易度の高いコミュニケーションなので、目の前で親がお手本を見せていても、子ども自身にすぐ身につくわけではないと思います。

　ただ、ずっと後ででも、親のお手本はいつか役に立つと思いますよ。子育てで、一見ムダで遠回りに思えることでも、後から活きてくることはホントに多いものです。

　そして、子どもが「イヤなことを断れない」裏には「断って、友だちに嫌われたらどうしよう」という不安な気持ちがあることが多いでしょう。

　でも、相手が本当の友人なら、丁寧に誠実に理由を話せばわかってくれるはずです。もしも、断われて態度を変えるような相手ならば、その子を都合よく利用したいだけなので、対等な友人関係とは言えないと思います。

「そんな人に嫌われたところで、特に支障はない」と、子どもが思えるように、少々大きくなってからも、日頃から我が子に愛情をあの手この手で伝え続けておくと、そんな相手からは自然と離れる確率がUPします。

相手に謝る練習

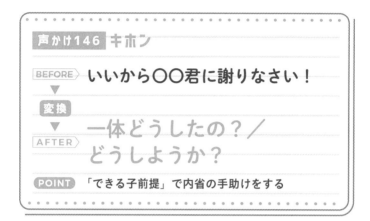

声かけ146 キホン

BEFORE いいから〇〇君に謝りなさい！

変換

AFTER 一体どうしたの？／
どうしようか？

POINT 「できる子前提」で内省の手助けをする

　親が折に触れて、「子どもに謝る」（Step21、p.81）などで、謝り方のお手本を見せ続けていれば、子どもの「ごめんなさい」のハードルも随分下がっているでしょう。また、CHAPTER 4全般などを通じて、「やったらアカンこと」をその都度教えていれば、物事の判断基準ももうわかっていると思います。

　それでも子どものプライドだって育っているので、頭ではわかっていても、素直に謝れない場合もあるでしょう。

　こんな時に、強制的に「いいから謝りなさい！」と大人が頭を下げさせても、余計に話がこじれたり、意固地になりがちです。だって、本人は全然納得してないんですから……。

　まずは、その子の話を「**（キミは本当はそんなことする子じゃないのに、よほどの理由があったんだろうね）一体どうしたの？**」という「できる子前提」の態度で一通り話を聴いてあげると、自分を客観視し、内省する手助けになります。

　そして、冷静になれたら「**どうしようか？**」と、本人に次の行動をたずねてみるといいでしょう。

ケンカで手が出てしまった時の対処法

　もし、子ども同士のケンカで我が子側の話を一通り聴き、「そりゃあ、うちの子が怒るのもムリはない」「相手の子にも非がある」なんて思ったとしても、手が出たらアウトです。

　親が子どもの味方になってあげるのは大事ですが、子どもの言い分を「事実として」すべて鵜呑みにしてはいけませんし、何より、どんな理由があろうと暴力はダメです。

　特に、子どもの体も力も成長してきたら、相手の心身に治らない傷を与えてしまう場合もあります。大人がやれば「傷害罪」になる行為を、親自身の手で**「ダメなものはダメ」**と教えられるラストチャンスかもしれません（暴力の程度によっては、子どもでも罪に問われます）。

　とにかく、我が子が手を出してしまったら謝るしかないと、覚悟を決めるしかありません。

　そして、子どもが相手に素直に謝れない場合には、**「一緒に謝りに行くよ」**と、手を引いて相手の家まで行きます（または、学校を通じて謝罪の場の設定をお願いします）。

　この時、まずは相手側の話を「丁寧に、誠実に、最後まで」聴くことが大事です。たとえ「うちの子の言い分とは違う」と思っても、反論せずに**「そうですか……」**と、目を見てゆっくり丁寧にうなずきながら、相手の話が全て終わるまで遮らないことです（ただし、相手の話に事実と異なる点などがあれば、メモなどに会話の記録を残しておき、後日、担任の先生やスクールカウンセラーなどと相談するといいでしょう）。

　そして、相手の子に**「痛い思いをさせて、本当にごめんなさい」**など、子どもと一緒に頭を下げて、目の前で「謝り方」のお手本を見せてあげるのが、親のできる「教育」なのではないでしょうか。

売られたケンカを買わないようにするには？

それでも時に、年頃の男子の間では、バーゲンセールのように「ケンカのタネ」を大安売りしていて、つい挑発に乗ってしまった挙げ句、どんな理由でも「殴ったほうが悪い」では、ワリに合いません（下手すれば停学・退学です）。

そもそも相手が挑発しないでくれたらいいのですが、他人の行動はどうにもできません。

子どもが「売られたケンカ」を買わないためには、「次に挑発された時に、自分にできること」に目を向けられるよう、親は「お決まりパターンを崩す」（Step61、p.201）を応用し、ケンカの前後の具体的な状況をよく聴き取り、一連の流れを「キッカケ・行動・結果」に分けます。

この時、紙に「フローチャート図」などで流れを見えるようにし、客観的に分析できるといいでしょう。一見突発的なケンカに思えても、必ずそこには双方の日頃の不満などのなんらかの感情の蓄積や、それが爆発するキッカケがあるものです。

そして、行動の分岐点から別ルートに進む選択肢を親子で一緒に考えます。ポイントは、挑発に対するスルーのしかたなどの「やっていいこと」を、具体的な行動で示すことです。

「挑発に乗らないの！」「カッとなっちゃダメ」と言われても、「じゃあどうしたらいいのか」がわからなければ、ひたすらガマンし耐えるしかなく、いずれ爆発したり、相手も限界を確かめるまで執拗に挑発行為を続けることもあります。

「もし、『〇〇』と言われても『ふーん』と受け流して、その場を離れる」「もし、カッとなったら、水を飲みにいく」など、複数の具体的な行動の選択肢を用意できるとGood。

でも、うちの長男の先生は**「ケンカしないようにするより、仲直りできることのほうがもっと大事」**とも仰ったそう。大きなケガさえなければ、これも経験の内かもしれませんね。

相談とお願いの練習

声かけ147 キホン

BEFORE ▸ **そういうことは先生に言いなさい**
▼

変換 ▸ **○○先生に「〜のことで、○○**
▼ **ができなくて、(こんな風に)**
AFTER ▸ **困っているんです」って**
相談してみたら？

POINT ▸ 「誰に」「なんて」相談すればいいか後方支援！

　小学校時代は、学校で何かあれば親が出て行ったり、連絡帳に書いたりして、先生と相談することもできたでしょう。

　でも、中学・高校と進むほど、通常親の出番は減っていくものですし、意識的に減らしていく必要があるとも思います。

　成人後も見据えて、その子自身の「努力だけでは解決できないこと」は、ほかの人の助けをお願いできるように、徐々に自分の言葉で相談できる力をつけてあげるといいでしょう。

　ただし、「先生に言いなさい」では難しい子もいるので、最初は「誰に」「なんて」言えばいいか、事前に相談内容を整理しながら、親は具体的なセリフを助言できると Good。

　それでも子どもがうまく相談できない時だけ、親の出番です。「○○のことで不安に思っているようなので、先生のお時間がある時に、本人の相談に乗っていただけませんでしょうか」など、さり気なく後方からフォローして相談の場数を踏みつつ、次第に手を離していくといいでしょう。

できること、できないことを分別する

　まず自分（家庭）でできることはやってみた上で、それでも難しいことを、他人に相談し助けをお願いするのが順序。

　そして相談の前に「自分でできること」「がんばれること」「努力では難しいこと」を分別しておくとGood！

　例えば、不安感の強い子が学校の修学旅行などで「いつもと違う」場所・時間での宿泊が心配な場合には……

[相談の前の分別の例]

自分でできること	● 事前に泊まる場所について詳しく調べる ● 家で当日の就寝時間に慣れておく
がんばれること	● 本、マイ枕など慣れ親しんだモノがあれば、落ち着ける（→持参の許可のお願い）
努力では難しいこと	● うるさい環境だと眠れない（→「なるべく静かな子と同室にしてほしい」などと相談）

　……など、「何を」「どの程度まで」「例えば、どんな風に」助けてほしいのか、ハッキリさせてから相談すると、具体的な解決策につながりやすくなるでしょう。

　上手に話せる自信がなければ、上記の表や、相談内容をまとめた文書などを手元に用意してもOK！

　それでも難しければ、親の同席もアリ。ただし、できるだけ子どもが自分の言葉で説明できるよう、補助役として……。

　そして、子ども自身が**「ここまではできるけど、ここからは難しいので（例えばこんな風に）助けてもらえませんか？」「こういう工夫を許可（または配慮・説明など）してもらえれば、できると思います」**……など、自分ができることも示した上で、自分の言葉で丁寧にお願いすると、相手の理解や協力を得やすくなると思います。

Q 子どもに発達障害傾向があり、何かと心配なのですが、最近は思春期のせいか、親にいろいろと話さなくなってきました

A スクールカウンセラーなどに、自分で相談できるように

子どもが親になんでもオープンに話してくれればいいのですが、だんだんとそうもいかなくなってきますよね。

でも、恋愛や性のことなど、親には話しにくい悩みや、時には親への不満だって誰かに言いたい時もあるかもしれません（成長の証です！）。

引き続き子どもの話を否定せずに聴きつつ、「親以外の相談先」も確保できるようにしていくといいでしょう。

相談先は友だちや先生などでもいいのですが、それでも解決しない時や、他人に知られたくないこと、複雑で深刻な悩みがある時などは、プロの知識や第三者の客観的な視点が必要なこともあります。

こんな場合は、お子さん自身のスクールカウンセラーなどの利用を私はオススメします。カウンセリングの中で「自分のことを、自分の言葉で説明する」経験自体も大事だからです。

でも、現在進行形でその子が深刻な困難に直面している時だと、動く気力がなかったり頭が混乱したりしているので、急にカウンセリングと言われてもハードルが高いかもしれません。

「避難訓練」と同じで、日頃の備えが大事です。子どもが比較的落ち着いている時に、**「こういう場所があるよ」「こうすれば予約できるよ」「こんな先生が話を聴いてくれるよ」**などと事前に教えておくといざという時役に立ちます！ 利用に不安があれば、最初は親子面談で慣らすのもいいでしょう。

親の心配は尽きませんが、外側にも「その子の味方」が増えてくるとだんだんと自分の足で歩いていけると思いますよ。

小さな芽を育てる

声かけ148 キホン

BEFORE ・・・・・・

▼

変換

▼

AFTER そう言ってもらえて嬉しいよ

POINT 小さな芽を見逃さずに、大事に育てていく

「感謝を伝える」（Step23、p.86）の「ありがとうの種」探しは、続けていますか？（「そーいえば、忘れてた！」って方は、再挑戦していただけたら嬉しいです）

もし、親が目の前でお手本を見せ続けて、子ども自身からもちょっとしたことで感謝の言葉が出てくるようになったら、「ありがとうの種から芽が出た！」と喜んでいいでしょう。

この小さな芽を大事に育てて根づかせると、その子の人生を支える強い幹に育っていくと思います。それには、子どもが「ありがとう」と言えたことに対して、**「嬉しいよ」「どういたしまして」「こちらこそ」**などの声かけや、ニコッリうなずくなどでフィードバックを即返してあげるとGood！

感謝の言葉に限らず、その子にとっていい方向に「小さな芽」が出てきたら、親がそれを見逃さずに気づいて、その都度いい反応を返してあげることが大事です。

そうすることで、ぐんぐんと強くたくましく、その部分がのびのびと育っていくことでしょう。

種まきの法則

　親が子どもの目の前で、言葉や行動のお手本を見せ続けることを、私は「種まき」に似ているな、とよく思います。

　ここまで、数多くの親から子への声かけ例をお伝えしてきましたが、それが全部「種まき」「水やり」になるんです。

　そうして子どもの心に種をまき、水やりをするように気長く声かけを続け、いいところやできたところに目を向けて日当たりのいい場所に置き、「大好き」「大事」とひざの上で時々温めながら、ようやく小さな芽が出るのではないでしょうか。

　親がまきたいのは、「ありがとうの種」「ごめんなさいの種」「やる気の種」「好奇心の種」「思いやりの種」……欲を出せば本当にキリがないけれど、沢山種をまけばまくほど、「可能性の芽」が出てくるようにも思います。

　でも、同じように種をまいてみても、それぞれ、一人ひとり、その子によって芽が出るタイミングは違います。

　子どもが学校の夏休みの宿題で育てた、何年も前の観察用のアサガオの残した種が、誰もが忘れた頃に庭で芽を出すこともあるように、ず～～っと後になって、親が子どもの心にまいた種から、ひょっこり芽が出てくることもあるでしょう。

　子育ては、そんなにスグに結果が出るものではありません。

　それでも、親が我が子の人生の幸せを願ってまいた種と、そこから次々出てくる可能性の芽、そして、その子の個性を大事に、大切に育てていく、毎日の親子のコミュニケーションから得られる栄養に、ムダなものはひとつもないんです。

　すべてが子どもの成長の糧になります。

　だから、時々手を抜いたっていいから、いつか「子どもの自立」という花が咲く日まで、気長に、気長に、種まきと水やりを続けて、日当たりのいい明るい場所で笑いながら、親子で一緒に、ゆっくり育っていけばいいんです。

EPILOGUE

自分のための声かけ

最後は、ここまで本当によくがんばってきた、お子さんとご自身の「それでもできないこと」を、認めて、許して、受け容れるステップ。

親が親自身に、そして、親の手を離しつつある子が自分自身にかける「自分のための」声かけです。

現実では、子育てでも、人生でも、どんなにがんばっても思い通り、理想通りにいかないことばかりかもしれません。

そして、子どもには意思があり、個性があり、自分の人生がある。親にも感情があり、限界もあり、できないことだって、い〜〜っぱいある。

そんな時も、ちょっとだけ自分への声かけを変換してみると、案外ラクになれることも多いんじゃないでしょうか。

思い詰める言葉から離れる

声かけ149 キホン

BEFORE ▼ 絶対にこうしないと／
何がなんでもこうあるべき

変換

AFTER できれば、こうしたいな／
なるべく、こうありたいな

POINT 完璧さを求める極端な言葉を意識的に緩める！

　世の中には、一見「理想の子ども」「理想の子育て」のような情報があふれていますし、先生、ママ友、祖父母、世間の皆様……などの周りの人達から、チクチク・トゲトゲとした厳しい視線を感じることだってあるかもしれません。

　子育てに強いプレッシャーを常に感じていると、つい「絶対にこうしないと」「何がなんでもこうあるべき」と極端に思い詰めて、自分も子どもも追い込んでしまうこともあります。

　ここは意識的に、自分で自分の首を絞めてしまっている状況を、まずは言葉から少し緩めてあげるといいでしょう。

　「文武両道」「誰とでも仲良くできる子」「どこに出しても恥ずかしくない子」だとか、まあ、理想や願望はあっていいんです（マボロシのようなものですけど……）。

　でも！　それが「絶対」じゃないし、「必ず」「何がなんでも」できなくたって、ちゃーんと大人になれますから。

「できれば」「なるべく」こうありたいな、こうしたいな、と言葉の手綱を緩めると息苦しさが弱まります。

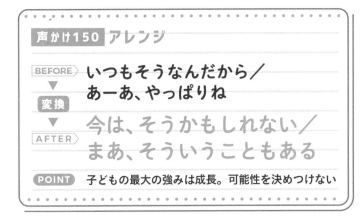

BEFORE
▼
いつもそうなんだから／
あーあ、やっぱりね

変換
▼
AFTER
今は、そうかもしれない／
まあ、そういうこともある

POINT 子どもの最大の強みは成長。可能性を決めつけない

極端な言葉と同様に離れておきたいのは、決めつけの言葉。

それだけ「親の経験値」が貯まってきたわけですが、子どもの失敗体験が積み重なって、「いつも」「やっぱり」「きっと」こうだったから、こうに違いない！ こうなるに決まっている！ と、決めつけの言葉でその子の成長のあらゆる可能性を狭めてしまうのは、あまりにモッタイナイ話です。

ここは意識的に**「今は、そうかもしれない」「まあ、そういうこともあるよね」**などと表現をぼかして、子どもが何かやらかしても、今回はたまたまそうだったかのように、自分自身に言い聞かせるといいでしょう。

実際、子どもの最大の強みは「成長する」ことです。

毎日同じことの繰り返しだと、一見、何の進歩もないように感じられることもあるでしょうが、どんな子も、毎日確実に成長して、変わっていくのが「子ども」です。

もし、決めつけの言葉で、その子の「できないこと」だけを見つめていることに気がついたら、**「まあね」「多分ね」「かもね」**と、ぼんやりピントをぼかすように、自分で言葉を調節していくとGoodです。

決めつけグセの強い他人とのつき合い方

　親自身の人間関係で、ママ友や職場の同僚、先生、知人などの中で「決めつけが強いな」と感じる相手もいるでしょう。

「絶対」「いつも」「やっぱり」などが口グセの人は、物事を「0か100か」「白か黒か」で捉えがちかもしれません。これは、その人の生まれながらの個性による場合もあれば、後天的に……例えば、（自信をなくしがちな）子育てやその人自身の生い立ち、孤立しやすくプレッシャーの強い職場や地域など、思い詰めやすくなる環境の影響などもあるでしょう。

　相手が自分にとって大事な人で、本人も思い悩んでいる様子なら、CHAPTER 5も参考に、視点の切り替えや中間の考え方が柔軟にできる声かけを「できる範囲で」しつつ、環境的にも一人で思い詰めないように働きかけできるとベターでしょう。

　でも、「そこまでする義理はない」と思える関係性の相手であれば、決めつけの程度が自分の許容範囲を超えていたら、適度な距離感を保って深入りしないのもひとつの処世術です。

　例えば、ママ友同士の「あの先生、絶対こうだよね」「あのママ、やっぱりそーなのよ」なんて、勝手な決めつけによる悪口大会に居合わせたら……。ドロドロした話を聞き続けるのもキツイし、悪口に同意するのもなんだけど、かと言ってその場を抜けるワケにもいかない場面だってありますよね。

　こんな時私は**「ほ〜ん、そうなんかな〜」「私、よく知らないんだよね〜」**と、否定も肯定もせず、のらり、くらりとテキトーにやり過ごしています（まあ、その場にいただけで、勝手に同意したことにされる場合もありますが……）。

　ただし、あまりにも極端に決めつけ思考が強い相手とは「関わらない」ことが自分を守るための現実的な対応だと思います。しかし、そうもいかない時には、SNSなども含めて「1対1でやりとりしない」「密室にしない」ことをオススメします。

自分の限界を認める

声かけ151 キホン

BEFORE> **がんばります／がんばらせます**
▼
変換
▼
AFTER> **できません**

POINT できないものは「できません」と伝えていい

　自分のできないことを「できない」と認めるのは、とても勇気がいることだと思います。

　でも、残念ながら、親にも子にも、がんばってもどうしてもできないこと、努力では乗り越えられないことは沢山あって当たり前（もちろん、私にも！）。

　「これ以上はムリ！」「自分（子ども）ができるのは、ココまで！」と、時には潔く白旗をあげてしまうのも、厳しい現実を生き抜くために必要な知恵でしょう。

　できないものは**「できません」**と正直に伝えた方が、相手にもできることや対処のしかたがありますし、自分や子どももまた、「できない前提」での工夫や、ほかの人に手助けをお願いするなどの、別の方法にも目を向けることができますから。

　もちろん、全て他人任せにしていたら、周りの人の理解や協力も得にくいでしょう。でも、それまで今の自分にできることはしてきたのなら、周りの人もきっとわかってくれます。

　なんでも一人で背負うことはないんです。

BEFORE ▶ **もっと期待に応えなくては！**

▼

変換

▼

AFTER ▶ **ご期待に添えず、申し訳ありません**

POINT **相手の過剰な要求は、丁重に、毅然と断る！**

相手の期待に応えようと、とにかく「がんばります」で乗り越えていると思わぬ弊害が出ることもあります。

「この人はどこまでも期待に応えてくれる」とカンチガイされて、相手によってはどんどん要求がエスカレートし、限度を超えた過剰な努力を求められたり、ベッタリ依存されたり、都合よく利用されたりすることもあるかもしれません。

そして、自分自身も限界を超えてがんばり続けると心身ともに消耗して、燃え尽きてしまう可能性も……。

繰り返しますが、何ごとも「ほどほど」が大事！ 自分の限界値を見極め、ある程度のラインでの線引きも必要です。

ほどほどで「（都合の）いい人」の役割は降りてOK！ 自分の限界を超えて、相手に過剰な要求をされたら**「ご期待に添えず、申し訳ありません」**のフレーズが万能選手です。丁重に、かつ、毅然と断るのがいいでしょう。

なかには納得できずに、ムッとしたり、怒り出したりする人もいるかもしれませんが、それは相手側の宿題ですから、自分を責めずに、嵐が去るのをやり過ごすだけでOKです。

時には、我が子にも**「かあちゃん、これ以上はムリ」**と、限界を超えてがんばらないお手本を見せるのも教育の一環です。

私の「できる範囲で」の法則

　ちょっとこの場をお借りして、私自身の心の片づけをさせてください。私がこれまで**「できる範囲で」**という言葉を、繰り返し、繰り返し、あらゆる場面で予防線のように使い続けているのには、ワケがあります。

　それは、p.83でも触れた私の働き者の母は、過労が遠因で寿命を縮めてしまったから、なんです。

　私が高校生の頃、「24時間戦えますか」というフレーズの歌が日本中で大流行していました。まさにその通りに、私の母は24時間年中無休でお正月でも働き続けていました。

　父はASDの傾向があり、二次障害で心の病も併発していたので、仕事上あまり頼りにならず、実家の自営業は実質母が一人で切り盛りしていました。いつも明るく前向きで、人情が厚く面倒見の良い母の人柄で持っていたような客商売です。

　さらに母は、時折人間関係でトラブルになる父のフォローもしつつ、他人の困りごとに親身になって相談に乗り、PTAや町内会の役員も引き受け、なんでも行動的にバリバリこなすので、周りの人達から慕われ、いつも頼りにされていました。

　私は母が「できません」と言うのを見たことなく、そんな母を尊敬し、不死身のスーパーウーマンだと思っていました。

　ところが、バブル崩壊後の不況でお客さんが急に減って、私と妹も成人間近で「これで、お母さんもやっと休めるよね」なんて思っていた頃、母は突然、呆けてしまいました。

　若年性のアルツハイマーで病状の進行が早く、1年もしないうちに私が誰かもわからなくなり、寝た切りの植物状態で7年間の入院生活の後、衰弱して亡くなりました。

　……どんな偉業も、自分の健康と命あってのことです。

　ですから、どんな子も、どんな人も、「がんばるのは『できる範囲』で十分」だと伝えたいと、私はいつも思っています。

できない自分を受け容れる

声かけ153 キホン

BEFORE
▼
**なんで私って、
こんなこともできないんだろう**

変換

AFTER
お母さん、〇〇が苦手だから
手伝ってくれる？

POINT 「自分とのつき合い方」のお手本を見せていく

　もし、ここまでの声かけ変換の実践で、今のその子の個性に合わせてあげれば、ちゃんと伝わるし、話せばわかってくれるし、できることも増えるし、親子関係も（ワリと）いい状態でいられるんだなって、ご家庭で実感いただけているのなら、こんなに嬉しいことはありません。

　そして、その子育て経験の積み重ねが、今度はご自身の「自分とのつき合い方」への大きなヒントにもなるでしょう。

　我が子をよく観察し、少しでもできてるところにフォーカスし、苦手な部分もハードルを下げて工夫すると、できることも結構見えてきたのではないでしょうか。

　次は、その目を自分自身に向けてみると親のほうも生きるのが結構ラクになれると思います。

　そして、自分の苦手なことを正直に子どもに伝えて助けてもらったり、自分でやってもらったり、役割分担するお手本を見せることが大事。それが、子どもが自分の個性とつき合いながら、ラクに生きるヒントにもなっていくと思います。

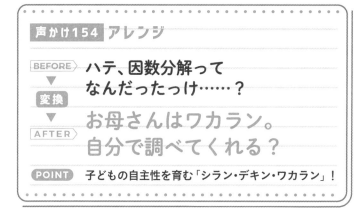

声かけ154 アレンジ

BEFORE ▶ ハテ、因数分解ってなんだったっけ……？

▼

変換

▼

AFTER ▶ お母さんはワカラン。自分で調べてくれる？

POINT 子どもの自主性を育む「シラン・デキン・ワカラン」！

　子どもの自主性を育む究極の魔法の言葉は、親の「シラン・デキン・ワカラン」だと私は思っています（笑）。

　ただし、子どもが自信をなくしがちな時や、不慣れなことや苦手なこと、少しだけ丁寧につき合う必要がある子などは、いきなり手を離すと心折れてしまうこともあるでしょう。

　CHAPTER 1〜3なども参考に、まずは心の土台を安定させて「できた！」経験を積み重ねておくと、親が手を離す時が来ても倒れにくくなっているはずです。

　その上で、子どもがやる気になっている時や、得意なこと、好きなこと、ある程度慣れてきたことから、段階的に手を離していくといいでしょう。

　実際、子どもに宿題のことを聞かれても、中学生くらいになると、「因数分解？　ソレってなんだったっけ？」なんて即答できなくなってきます（私の実例ですが……）。

　こんな時は、中途半端にいい加減な知識を教えるより、わかりやすい参考書でも渡して、潔く **「かあちゃんにはワカラン。自分で調べてくれる？」** とするのがお互いのため。

　親にも知らないこと、できないこと、わからないことがあると子どもにバレても人間らしくていいじゃないですか。

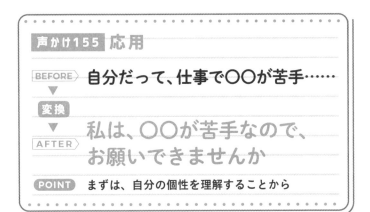

声かけ155 応用

BEFORE 自分だって、仕事で○○が苦手……

▼

変換

▼

AFTER 私は、○○が苦手なので、
お願いできませんか

POINT まずは、自分の個性を理解することから

　親だって仕事やPTAの活動などで、苦手なことに対して負担を感じることもありますよね。できる努力はした上で、それでもできないことは、周りに丁寧にお願いできるとGood！

　一人で100点目指す必要はありません。家族も、仕事も、お互いに苦手なことを補い合い、支え合うチームとして「全員の合計点」で考えればOK。私が仕事上でよく使うのは……。

[お願いの定型文の例]

○○することが少々苦手なので、○○して／させていただけると
助かります（具体的な代わりの行動案を）

○月○日までにやることを、
優先順位をつけてご指示いただけますでしょうか

わからないことは○○さんに伺ってもよろしいでしょうか？

私は○○なほうなので、お気づきの点があれば
遠慮なくご指摘ください

事前に、○○について、ご説明いただけると安心です

いつも根気よくおつき合いくださり、ありがとうございます

Step
90 できない部分も大事にする

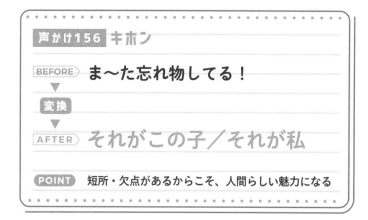

声かけ156 キホン

BEFORE ま～た忘れ物してる！

変換

AFTER それがこの子／それが私

POINT 短所・欠点があるからこそ、人間らしい魅力になる

「長所と短所をセットで見る」（Step29、p.106）の発展形です。「凸凹変換」などで長所と短所は「表裏一体」というものの見方ができてきたら、仕上げのステップは、短所を短所のままに、欠点は欠点のままに**「それがこの子」「それが私」**と受け容れ、そのまま大事に、大切にすることです。

親にも子にも少しばかり足りないところがあるからこそ、人間らしい素敵な魅力になるんじゃないでしょうか。

お互いに欠点があるからこそ、人は人を必要とするのだし、相手に弱い部分があるからこそ、親しみも感じられます。

一見完璧過ぎる、才色兼備でスタイル抜群の超絶美人の女優さんは、なんだかちょっと近寄りがたい雰囲気でしょ？（ホントは、彼女達にもお悩みはあるんでしょうね）

子どもや自分の短所や欠点が気になったら、心のどこかで、その人間臭さを「クスッ」と楽しむようなつもりで、丸ごと愛おしく感じたら、肩の力が抜けていくかもしれません。

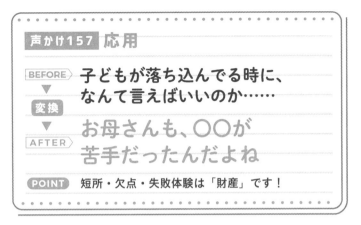

声かけ157 応用

BEFORE
子どもが落ち込んでる時に、
なんて言えばいいのか……

変換

AFTER
お母さんも、〇〇が
苦手だったんだよね

POINT 短所・欠点・失敗体験は「財産」です！

　もし、我が子が自信をなくしたり、ほかの人と比べて落ち込んだり、自分のできないことにイライラしたりしていたら、お父さん・お母さんの失敗体験や苦手なことの話を聞かせてあげると何よりの勇気づけになると思います。

　例えばうちの実話ですが、「かあちゃんも、人と話すの苦手だったんだよね〜、今もだけどさ」「かあちゃんも運動が苦手でね、小学生の時マラソン大会をズル休みしたっけ」「とうちゃんもアガリ症だったから緊張するのわかるよ」……なんて話で、曇っていた子の顔がパァッと明るくなりました。

　親の立派な成功談や武勇伝、正論の助言は、かえって余計に落ち込んだり、プレッシャーになるかもしれませんが、似たような状況での失敗談や、今まさに共感できる親自身のしくじり体験などの話は、「こんな自分でも、別にいいんだな」と思えるので、子どもを元気づけられます（そして、不思議なことに話した親のほうも、なんだか元気になることも）。

　我が子の心の栄養になるのなら、親の短所・欠点、しくじり、黒歴史の数々も「ムダではなかった」と思えるでしょう。

　欠点も失敗も財産です。できない部分も大事にできると本当の意味での「自分を肯定的に思える気持ち」につながります。

子育ての法則

ワンコの降参ポーズの法則

うちの犬は、スグにお腹を見せます。

家族といる時、仰向けに寝転がって「お腹さわって」とばかりにおねだりしてとても愛くるしいのですが、こんなに自分の最大の弱点をいとも簡単にさらけ出して、「生き物としての自覚が少々足りないのでは……?」とも思いました（笑）。

でも犬の本によれば、これは飼い主を信頼し、安心してリラックスしている証拠だそう。

その一方で、散歩中、熊のような風貌のご近所さんに出会った時も急にコロンとひっくり返ってお腹を見せたんです。

リラックス状態にはとても思えませんでしたが、こんな場合は「降参です。攻撃しないで」という意味もあるのだとか。

つまり、犬が自分の弱点を見せることは、相手への信頼の証であるのと同時に自己防衛でもあるんですね。

キラキラした芸能人ブログなどの炎上を見るに、一見完璧そう、幸せそうに見える方ほど、些細なことでもアラ探しをされて、攻撃されやすいようにも思えます。

相手に弱点を見せて、とっとと「降参ポーズ」をしてしまうのは、賢く生き抜くひとつの生存戦略なのかもしれません。

「フツー」も大事にする

声かけ158 キホン

BEFORE ▼ ただフツーに過ごしたい
だけなのに……

変換 ▼

AFTER ▶ 今日は平和でお母さん
嬉しい！

POINT 「安定した生活」はフツーに気づくことから

　特別素晴らしい姿でなくても、兄弟ゲンカが絶えないご家庭でたまたま穏便にあそんでいる時や、普段は集中力が続かない子が淡々と宿題を進めている時、何かと注意されがちな子がゲームしながらでも落ち着いて過ごせている時などは、ぜひ、そこに気づいて声かけしてあげるといいでしょう。

　「今日は平和でかあちゃん嬉しい」「宿題、進んでるね」「おお、ソレ面白そうだね」なんて、通りすがりのほんの一声でいいんです。親が「気づいてますよ」と伝わればOK！

　子育てが本当に大変だと、親の願いは「ただフツーに過ごしたいだけ」だったりもするでしょうが、その「フツーの時間」のハードルがとっても高い時だってありますよね。

　だからこそ、たまたま気まぐれにでもいいので、「フツー」ができている時に、さり気なく声かけしておくことで、「特別なことはなくとも、フツーに何ごともなく、落ち着いて過ごせている」時間はだんだんと増えてくるでしょう。

　それが夢の「安定した生活」に近づく第一歩です。

 雑談のススメ

　突然ですが、お子さんと「雑談」してますか？

「雑談」というのは、学校での交友関係や、宿題の進捗具合や、定期テストの順位や、部活の先輩や担任の先生との関係や、自分の部屋やSNSでコソコソ何をしているか……などの、「親が気になること・知りたいこと」のチェック以外の「フツーの話」をする時間のことです。

　私は、最も子どものコミュニケーション力を育てるのは、日頃の何気ない親子の雑談の時間だと思っています。子どもの雑談力がUPすると人間関係もグッと良くなるでしょう。

　ただ、子どもに親の気持ちが真っ直ぐ伝わらなかったり、親子バトルで疲れ切っていたり、毎日あれやこれやに追われていると、ゆっくり雑談する余裕がないこともありますよね。

　まずは、これまでの少しでも効率よく伝わりやすい声かけなどで、お互いに余裕を作ることが必要でしょう。

　でも、ほどほどに気持ちに余裕が出てきたら、我が子といろんな雑談をしてみるといいんじゃないでしょうか。

　なかには、なかなか会話が続かなくて、間が持たないご家庭もあるかもしれません。

　それでも、ここまでで我が子をよく観察し、理解しようと努めてきたのなら、きっと話のネタは見つかるはず。

　その子が夢中になっていることや興味関心の強いことなら、親は**「ふむ、ふむ」**と聞くだけでも十分です。

　くだらない、しょーもないことにツッコむだけでもOK。オチのない、とりとめない話でもOK。一緒にテレビを見たり食事をしたりしながら、あーだこーだ言うのもOK。とにかくお互いに「話すことが楽しい」時間であれば、なんでもOKです。

　何気ない「雑談」を親子で沢山楽しめたら、とっても素敵な「フツーの日常」になると思いますよ。

ファミレスでお皿が割れた時の法則

ファミレスで家族や友人と食事やおしゃべりに夢中になっている時や、ぼっちメシでスマホ画面に集中している時などは、誰も周りをそんなに意識しないでしょう。

でも、突然、うっかり店員さんが運んでいたお皿を落として「ガシャーン‼」と、大きな音を出して割ってしまったら、お店にいる人たちは一斉に注目するでしょ？

きっとその店員さんは、それまで次々と注文を取り、できた料理をせっせと運び、空いたお皿を黙々と回収して……と、懸命な努力を続けていたことでしょう。でも、それはお客さんにとってレストランでは「当たり前」に思えることなので、お店の日常風景の一つになっていたかもしれません。

ところが、大きな音がした時だけ、何かあった時だけ、失敗した時だけ、人は気がついてしまうもの。

子育てでも同じで、親はついつい、子どもがやらかした時だけ注目しがちですし、ご近所さんには、親が堪忍袋の緒が切れて大声を出した時だけ、（壁の向こうで）聞こえがちです。

目立つ行動の時にしか気づかず、失敗の点つなぎをしていれば、「うちの子は失敗ばかり」「あの親は怒ってばかり」なんて、いつもそうであるかのように錯覚してしまいます。

それ以外の大部分である、「フツーの時」「当たり前の日常」「何ごともなく、平穏無事に過ごしている時間」が維持されている裏側には、親にも子にも、見えない日々の努力が沢山隠されているのだと思います。

そして、「フツーの時」というのは、永遠に続いているように思えて、人や環境に何かの変化があればあっさりと崩れてしまうような、案外もろいものなのかもしれません。

だから、その「当たり前の日常」の価値に気づくことが、子育てや人生の満足度をあげる大事なポイントなんです。

Q 子どもも自分も発達障害だから、「フツー」の人が多数派の
世の中は、親子で生きづらさを感じてしまいます

A 「発達障害」は個性の一部分。その人のすべてではありません

お気持ち、よ〜くわかりますよ。この世界で多数派ではな
いというだけで「障害」になってしまったり、少しでも
人と違うと問題があるかのような「空気」が感じられたり……。

私もよく「本当はフツーの人なんて、一人もいないんじゃな
いのかな」なんて思ったりもします。

でも、おつらいでしょうが「あれもこれも、みんなと違う」
と「違い」にばかり注目したり、子どもや自分の個性を「発達
障害だから」「ADHDだから」などの側面だけで見ていたりす
ると、世の中から拒絶されているように感じられるかもしれま
せん。ただ、お子さんにも、あなたにも、「フツー」の部分だっ
てきっとあるはずなんです。

「発達障害」などは、その人の個性の「一部分」をカタチにす
る言葉であり、その人のすべてを表す言葉ではありません。

周りの人とものの感じ方や興味関心は違っても、美味しいも
のを美味しいと思う心は同じです。笑いのツボは変わっている
かもしれませんが、楽しい時には笑いたくなるのも同じです。

「発達障害」という言葉は、自己理解や支援をお願いする時の
助けにはなります。でも、それ以上に、お子さんにはお子さん
の、あなたにはあなたの、大事な名前があるでしょう。

その人のすべてを表す言葉は、その名前以外にありません。

発達障害の部分も、フツーの部分も、ぜ〜んぶ含めて、それ
が「〇〇君」「〇〇さん」という「一人の人」です。

「発達の凸も、凹も、フツーも大事」で、なんとなく自分を全
体的に大事に思えたら親子できっとうまくいきます！

自分の常識を疑う

声かけ159 キホン

BEFORE そんなの非ジョーシキ！

変換

AFTER これって、ホントに
常識なのかな？

POINT 人の迷惑にならないことは大目に見てあげる

「こだわりマトリクス」(p.206) での、「よく考えてみれば、誰にも迷惑はかかっていないこと」への対応です。

うちの実例だと、長女が小さな頃「全身ピンクの服装でお出かけしたい！」と強く主張しました。当時の私の常識からすれば、「それはちょっと、アレだよね……」と思えます。

でも、冠婚葬祭やドレスコードのある高級レストランにでも行かない限りは、誰かに迷惑がかかるワケではありません。

一見、親の目からは「非ジョーシキ！」に思えても、人に危害を加えるでもなく、社会的に大きな迷惑にもならないことなら、個人の好みや考え方の違いとして「子どもは子ども、私は私」と線引きし、多少大目に見てもいいでしょう。

それでも「親のこだわり」で、どうしてもゆずれないことは、「**お母さんはこう思うんだけど、こうしてみない？**」と、お願い・提案型の交渉を（決めるのは子ども自身です）。

そうするうちに、開花する才能もあるかもしれませんし、親もだんだん、細かいことが気にならなくなるでしょう。

子どものこだわりエネルギーを有効活用する

子どものこだわりは、豊かな感受性の表れでもあります。

ですから、「こだわりマトリクス」(p.206) の１から３のこだわりは、大人のものの見方をひっくり返して、「その強いこだわりエネルギーをいい方向に有効活用する」ことで、４の「誰の迷惑にもならず、自分も気にならない子どものこだわり」になっていく可能性があるという、うちの実例です。

うちの子ども達は、偏食家で食へのこだわりが強く、特に長男は、人並み以上の味覚の鋭さがありました。

だからこそ、料理を自分でできるように、親が動きのコツを気長に丁寧に教えてあげる (p.142) と、手先が不器用な長男も美味しいものが食べたい一心でかなり上達しました。

今では３人とも、「あるものでテキトーに」自分で料理を作れるようになり、万が一、私が病気などで入院しても安心です。

子どものこだわりにつき合うのは、親の根気がいる作業ではありますが、その強いエネルギーを有効活用できれば、身につくことは多いのです。また、気が済むまで好きなだけこだわれば急に卒業することもあります。

不安感からくるこだわりも同じ。例えば、自然災害や未知のウイルスなどへの恐怖心や不安感が強い子は、逆にそのメカニズムや予防・対処法などを詳しく「知る」ことで安心できることもあります。さらには、強い不安が知的好奇心に変わる可能性も。地震学や医学・生物学者などの研究のキッカケが「怖かったから」って案外多いんです。

そして、子どもが大好きなことやキラキラした瞳でいつまでも夢中になれることは、環境を整えてあげて、家計の許す限り応援してあげるといいでしょう。

子どものこだわりは上手に活かせば、できることも増えるし、その子の世界も豊かに広がっていくんです。

 **自分で自分を応援する**

　CHAPTER 5までは親から子への声かけが中心でしたが、だんだんと子どもが大きくなるにつれて、自分で自分に声かけできるようにリードしていくといいでしょう。

　特に思春期に差しかかってきた子は、親のほめ言葉を素直に受け取らないこともあります（それも成長の証です！）。

　そして、失敗体験や他人との関わりの中で自信をなくして落ち込み、必要以上にプレッシャーを感じて思い詰めてしまうこともあるかもしれません。

　ココは、次の「自分おうえんCheckシート」で子どもが自分の中で固まり始めた「常識」を客観的に見つめ直し、自分自身で極端な考えを軌道修正し、自分のできたことに気づき、自分で自分を認められるような習慣をつけられるとGood！

　自分の一番の味方は自分自身ですから。

　……実はこれ、私自身もつい、いろいろと気になってしまうほうなので、落ち込んだ時にいつも頭の中で繰り返し、習慣のようにしていることなんです。

　おそらく多くの人は、長所よりも短所、できたことより失敗したこと、自分に肯定的な意見より否定的な意見のほうが気になって、自分の毎日の何気ないがんばりに気づかないことが、よくあるのではないでしょうか。

　それが他人が気になる多感な時期で、元々完璧主義でこだわりの強い子や失敗体験が多くなりがちな子なら、なおさらでしょう。

　だからこんな時は、物事を両面で観た上で、意識してプラスのほうにフォーカスするように習慣づけるくらいで、ちょうどいいんじゃないかな……なんて思っています。Checkシートはコピーして、トイレの壁にさり気なく張っておくなど（よければお母さん、お父さんも）ご活用いただけたら嬉しいです。

［自分おうえん Check シート］

失敗したり、ヘコんだりすると、自信なくすよね。そんな時は、自分のできてること、がんばってること、いいところを☑してみよう。

☑ **本当にそれは「できて当たり前」？**
ほかの人が簡単に、フツーにできることでも、自分はすっごくがんばってやっていること、あるよね。そのがんばりに自分で拍手！

☑ **本当にそれは「全部」失敗？**
よく思い出してみて。途中までできたこと、ここまではできていること、うまくいってる部分もあるんじゃない？

☑ **本当にそれは「短所・欠点」？**
ものの見方をひっくり返してみよう。もしかして、逆に言えば、それって自分の長所やいいところだとも言えるんじゃない？

☑ **本当にそれは「フツーのこと」？**
いつも何気なく続けていること、意外とあるよね。でも、続けることって、ホントは簡単じゃない。自分をほめてもいいんじゃない？

☑ **本当にそれは「できないこと」？**
みんなができることができないと凹むよねえ。でも、1年前、5年前の自分はどうだった？ それから結構、進歩してると思わない？

☑ **本当にそれは「みんな」？**
誰かに言われて傷つくこと、あるよね。でも、それはその「○○さん」の考え。みんなじゃないし、ただ自分とは違うってだけかも？

☑ **本当にそれは「ムリ・ムダ」？**
たとえ結果が失敗でも、やってみた、挑戦しただけでも、価値があることってあるんじゃない？ 自分の勇気に「いいね！」しよう！

成長を待つ

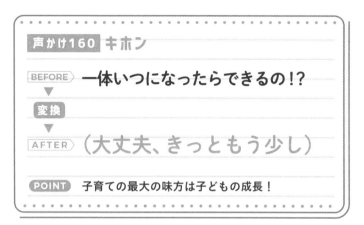

声かけ160 キホン

BEFORE 一体いつになったらできるの!?

変換

AFTER （大丈夫、きっともう少し）

POINT 子育ての最大の味方は子どもの成長！

一見、親の目からはなんの進歩も成長もしていないように思えても、3食食べて寝るだけで、昨日よりも確実に成長しているのが「子ども」。

その子の成長は、子育ての最大の味方だと言えるでしょう。

毎日がんばって子育てしていても、「うまくいかない」「なかなか結果が出ない」だと、焦りを感じるかもしれません。

でも、どんな子も必ず変化し、日々成長していきます。

そして、我が子の育て方を試行錯誤しながら、親があれこれとやってみたことや、日々の声かけや肌と肌で伝え続けてきたことは、目には見えないけれど、ちゃんとお子さんの成長の栄養になっています。

例えば、アサガオの芽がいつ出てくるのか、平均的な時期の目安はあれど、誰にも正確にはわからないように、その子のできるタイミングも一人ひとり違います。

親が心と体の健康にさえ気を配ってあげていれば、その日はいつか必ず来ます。大丈夫。きっともう少しです。

トランプのポーカーの法則

　小さな頃の「立った！」「歩いた！」から、今現在に至るまで、私も何度もうちの子達の「できた！」瞬間に立ち会って来ました。

　例えば、がんばっても漢字が書けなかった長男がある時急に書けるようになったり、音読がシドロモドロだった長女が突然スラスラ読めるようになったり……。

　こんな経験を通じて感じたのは「子どものできるタイミングって、トランプのポーカーみたいだな」ということ。

　あることができるようになるには、体の「この動き」の発達の手札と、脳の「この回路」がつながる手札と、その子の心が「これができるようになりたい」と思う気持ちの手札……それから環境・道具・チャンスなどの、必要な手札を気長にコツコツ集めて、全部役がピタッと揃ったタイミングで「できた！」になるんじゃないかな、なんて思うんです。

　だから、手札が1コでも足りないと、なかなかうまくいかない状態が続いて、本人ももどかしいかもしれません。それでも気長にカードを引き続ければ、いつか手札は揃うはず。

　だって、その子だけに与えられたヤマ札からカードを引くのは、その子一人なんですから！　早いもん勝ちでほかの誰かが取ってしまうモノではないので、気長に成長を待てばOK。

　ロイヤルストレートフラッシュのように、難易度の高い手札ほど揃えるのは大変でしょうが、その間、親子でお茶でも飲みつつ沢山話しながら、成長を待つ時間を楽しむ気持ちでいられるといいんじゃないかな、って思っています。

ある程度で諦める

> **声かけ161 キホン**
>
> **BEFORE**
> ▼
> **ちっとも理想通りにできない、思い通りにいかない**
>
> **変換**
> ▼
> **これがこの子だから（私だから）、しゃーない**
>
> **AFTER**
>
> **POINT** 「努力では乗り越えられない壁」はある程度で諦める

　時には、人間ある程度で諦めることも、必要です！

　諦めずに気長にがんばっていれば、時々いいこともありますが、どんなにがんばってもがんばっても、それでもできないことって、誰にでもありますから。

　例えば、四十肩と腰痛持ち、運動オンチでインドア派の私が今からオリンピック代表を目指す！　などは絶望的です（笑）。「努力では乗り越えられない壁」は、個人の能力の限界であり、挫折であり、「障害物」なのかもしれません。

　でも、そんなの誰でもあって当たり前です。

　もし、「努力では乗り越えられない壁」に親子でドーンと突き当たったら、ある程度で諦めて迂回するのも処世術。

　「それが、この子」「それが、私」なんです。**「しゃーない、しゃーない」**と、この辺で手を打てばいいのです。その分もっと、素敵なところや、得意なこと・できることに目を向けたり、環境選びやモノで工夫したり、周りの人と助け合ったりしながら回り道して歩けば、なんの問題もありません。

理想と現実に、どこで折り合いをつけるか

　では、「がんばっていれば、いつかできるようになる」と「努力では乗り越えられないことは、ある程度で諦める」……この一見矛盾した気持ちに「どう折り合っていくか」「どこで手を打つか」「どこで妥協ラインを引くか」の見極めが、本書では本当に、肝心カナメの部分なんです。

　理想と現実に折り合いをつけて、自分の人生に納得・満足しながら生きていく力こそが「適応力」だと、私は思います。

　理想だけでは生きていけません。でも、夢を描けない人生はしんどい。子どもであればなおさら、本来は存在そのものが無限の可能性にあふれているはずなのに、なかなか現実はそうはいかず、できないことばかりが目についてしまう……。そんな矛盾を親子で直視することが、まずは必要なのでしょう。

　地面に根っこを張り、天に向かって伸びていく。しなやかでたくましく、勝たずとも負けない、曲がっても折れない、何度倒れてもその度に立ち直れる。そんな「生き抜く力」を育てるためには、この理想と現実をどう受け止めたらいいでしょうか。

　例えば先の例だと、今から私がオリンピック代表になるのは絶望的ですが、得意分野などを活かして「スタッフになる」に変更したら、がんばれば寿命が来るまでになんとか手が届くかもしれません。あるいは、憧れのアスリートの食生活などのライフスタイルをできる範囲でマネしてみたり、その人の「○○哲学」などを自分の生き方の参考にすることなら、今スグできそうな気がします。

　現実と折り合いをつける大事なポイントは、「多少妥協しても、それで本人が納得・満足していること」です。

　同様に、我が子が現実の壁にぶつかった時も、親がさり気なく支えながら、その子自身が納得できる着地点を見つけていくと、だんだんと地面にしっかり根っこを張れるでしょう。

子どもに任せる

声かけ162 キホン

BEFORE このワカランチン！

変換

AFTER どうしたらいいか教えて

POINT その子の子育て法はその子自身が一番の教科書

この本の声かけを試してみてもうまく伝わらない。あるいは、いろんな育児法や教育・療育法を実践してみたけど、なかなか結果が出ない。専門家のアドバイス通りにコトが運ばない……もし、そんな風に感じられた時には（あるいは、日頃から）、ぜひ、目の前の子ども本人に「その子の子育て法」を丁寧に聞いてみると道が開けるかもしれません。

例えば、もし、子どもができないことでつまずいていたら、**「どうしたら〇〇ができそう？」「例えば、どういうところが難しい？」**とか。

もし、頑なに何かにこだわったり、思い詰めたりしていたら、**「どうしてそう思ったの？」「どうしたら気にならなくなりそう？」「どうなれば安心できる？」**とか。

もし、学校や家で荒れがちな時は**「先生にはどう伝えて欲しい？」「何かお母さんにできることある？」**とか。

その子の子育て法は、その子自身が一番の教科書。わからないことは本人に聞けばいいんです。

「しない」という選択

　子育てに行き詰まりを感じた時、「本人に聞く」以外に、もうひとつ秘策があります。それは、親にできることを探すのではなく、親が「しない」ことを見つける選択です。例えば……

- 声かけをあえて「しない」
- 手助けやサポートを「しない」
- 励ましや助言を「しない」
- 先回り「しない」

　……など。思春期の子は特に、大量の情報の処理が追いつくまで一人で静かに考えたり、複雑で混沌とした自分の心を整理して見つめ直したり、本当はどうしたいのか、自分の本心と対話するための時間が必要な時もあるでしょう。

　それから、子どもが成功体験を積むことと同じくらい、失敗体験からの立ち直り方を学ぶことも大事です。

　ただし、「失敗すれば、気づく」「がんばれば、できる」が難しい子は、あまりに失敗体験ばかりだと生きることがつらくなってしまうので、当面大人のサポートや手助けは必要です。

　でも、「ずっと」「すべて」「いつも」ではなく、徐々に自分でできるように、「**ここからはしない**」「**ここまではしない**」「**これだけはしない**」など、部分的にでも親が「しない」ことを見つけていくとGood！

　そして、親が「しない」時に大事なのは、「離れて見守る」もセットだということ。親子の愛着と信頼関係が築けていれば、少々突き放し気味でも大丈夫です。子どもが「見捨てられた」と感じないよう、遠くから温かい目線を送ればOK。

　子育てを一生懸命してきた方ほど、ちょっと寂しいかもしれませんが、ここは親もガマンのしどころです。

声かけ163　応用

BEFORE▼ **言われなきゃやんないクセに！**

変換▼

AFTER **はいよ**

POINT 「ウザイ！」はそろそろ「声かけ卒業」のタイミング

　子どもから「ウザイ！」「わかってる！」なんて言葉が飛び出てきたら、そろそろ「声かけ卒業」のタイミングですよ、というサインです！　親は喜んでいいんですよ。

　もちろん「わかってる」と本人が言い張っても、まだまだ全然わかってないことや、ウザがられようが親には「言い続けなければならん」ということもあるでしょう。

　でも、これはちゃんとその子に親の言葉が届いていた証拠。

　ですから、ここは親も「声かけ卒業」に向けて、（言わなきゃやらなそうな気がしても）少しずつ段階的に声かけを減らして「離れて見守る」練習を始める時期だとみればOK。

　もしかしたら、ヤキモキしたり不安になったりと、親もストレスがたまるかもしれませんが、そこはグッとガマン。

　こんな時は、新たに仕事を始めたり、職場復帰したり、資格を取ったり、子どもが小さな頃から封印していた趣味を再開したり、夫婦だけで出かけたり、老後のプランを練ったりしながら、「自分の人生」をもう一度考え始める大チャンス！

　大丈夫。子どもが親から離れていくように思えても、「お母さん」「お父さん」の存在自体は必要とされています。いつか子どもが大人になっても、それはずっと変わりません。

子どもと自分を受け容れる

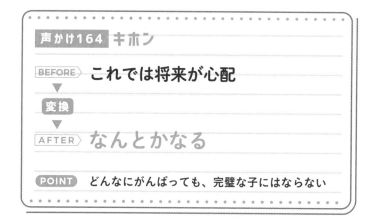

声かけ164 キホン

BEFORE これでは将来が心配

▼

変換

▼

AFTER なんとかなる

POINT どんなにがんばっても、完璧な子にはならない

　ここまでで、まずは親の気持ちを整理し（CHAPTER 0）、親子の愛着と信頼関係を築き（CHAPTER 1）、子どものできているところを見ながら自信をつけ（CHAPTER 2）、その子にわかりやすい伝え方でできることを増やし（CHAPTER 3）、根気よくダメなことはダメと教えながらブレーキを育て（CHAPTER 4）、多少の妥協をしつつ、周りの人達と共に生きられるように話し合い（CHAPTER 5）、そして、親子でほどほどのところで手を打ちながら、子どもから少しずつ離れて見守れるようになってきたのなら、お子さんのこれからの人生、大抵のことはなんとかなります！　そうは言っても、親はいつまでも子どもの人生を案じてしまう生き物だと思います。お子さんの幸せを願えばこそ、「これでは将来が心配」「アレやコレができないと困るんじゃないか」と気がかりは尽きないものでしょう。

　でも、どんなにがんばっても、完璧な子にはなりません。そうする必要もありません。どんな子も、どんな人も、多少の凸凹があることは、それが自然で当たり前の姿なんですから。

人気マンガの主人公の魅力は……？

うちの家族はみんな、マンガが大好きです。

家中マンガだらけで、廊下までハミ出た本棚もパンパンだし、床には今週の「少年ジャンプ」が転がってたり……。

家族でそれぞれビミョーに守備範囲が違うこともあり、古今東西のあらゆるジャンルのマンガが混在していますが、子どもが夢中になったり、世間で人気が出たり、大人になっても後々まで印象に残ったりするマンガというのは共通して、大抵、主人公がとても魅力的でしょう（そして、敵キャラや脇役も）。

その「人を惹きつける魅力」の理由を私なりに分析すると、「欠けているところがあるから」に行き着きます。

完全無欠の主人公はツマラナイし、共感できないんですね。

どこか、大きな欠点があったり、できないことがあったり、時々弱音を吐いたり、挫折や大失敗をしたり……そんな不完全で未完成な人間らしさが感じられるからこそ、ドラマが生まれ、仲間の力が必要になり、つまずきながらも成長していく主人公に、読者は親しみや自分との共通点を感じて感情移入して応援したくなるのでしょう。

「欠けているところ」があるからこそその魅力なんです。

子育てでも同じことが言えるんじゃないでしょうか。

親も子も、できないことや欠けている部分があるからこそ、お互いの存在や周りの人の力を必要とし、時々挫折や失敗があるからこそ、人生が豊かになり、時には人間らしく泣いたり怒ったりするからこそ、魅力的な人になるのだと思います。

誰もが、自分の人生の主人公です。

ちょっとくらい親子でできないことがあったほうが、きっと素敵で彩り豊かな人生になるのではないでしょうか。

声かけ165　応用

BEFORE
▼
まーた、やらかした！

変換
▼

AFTER　**ま・いっか／今はこれでOK**

POINT　**今のその子の、ありのままの姿を受け容れる**

　子どもも親も、生きている以上、間違える生き物です。

　どんなに子育てをがんばってもやらかす時はやらかすし、「うちの子に限って」なんて油断していると親の想像のナナメ上を常に超えていくのが子どもです。

　どんな子だって「絶対、大丈夫」はありえません。それでも「子どもを信じる」ということは、「うちの子だけは間違いや失敗を犯さない」と思い込むことではなく、「たとえ間違っても、なんとかなる」「失敗しても、立ち直れる」と、その子の生きる強さを信じてあげることだと私は思っています。

　こんな時に、「親のほうが」気持ちを切り替えるために、自分にかける呪文が**「ま・いっか」**と**「今はこれでOK」**です。

　自分なりに育児をがんばっているけど、それでも子どもがやらかした時に思い出して、今のその子の姿をありのまま受け容れるために、私もいつも、自分自身にそう声かけしています。

　そして、親にだってできないことは沢山、たーくさん、あります！　人間なんだから、それが当たり前！

　私も、ようやく子育てのゴールが見えそうだと思った途端、またStep 01からやり直しなんて、しょっちゅうです。

　でも、まあ、そんなもんでいいんじゃないでしょうか。

自分に「親合格」を出す

声かけ166 キホン

BEFORE
▼
もっといい親になりたい！

変換
▼

AFTER
自分は、もう十分いい親／
親合格！

POINT 目の前の子どもが笑っていれば「親合格」です

　親というのは、いつも子どもに謝っているんじゃないのかな、なんて我が身を振り返って思います。

「もっといい親になれなくてごめんね」「もっと優しくできなくてごめんね」「もっと一緒にいてあげられなくてごめんね」「もっと〇〇してあげたいのに、できなくってごめんね」「もっと」「もっと」……って。

　確かに、世間には「いい親」「理想の親」の情報があふれているので、他人と比較すれば、できたことよりできなかったことのほうが気になるでしょう。でもね、あなたが「いい親」かどうか、決めるのは「世間」や「他人」ではありません。

　お子さんは「ただいま！」と家に帰ってきますか。

　元気で健康で、その子なりに去年よりも成長していますか。

　目の前の子の表情はどうでしょうか。

　もし、お子さんがおうちで安心して笑っているのなら、もう十分、あなたは「いい親」です。この辺でそろそろ、自分で自分に「親合格」を出してあげても、いいと思いませんか。

子どものためのオススメ本

「こども六法」山崎聡一郎：著／弘文堂

「いじめと戦おう！」玉聞伸啓（さねゆき）：著／小学館

「ピンチ!! それはチャンスだ！」大野正人：著／高橋書店

「トレボー・ロメインこころの救急箱①　いじめなんてへっちゃらさ」トレボー・ロメイン：著、上田勢子　藤本惣平：訳／大月書店

「トレボー・ロメインこころの救急箱②　さよなら、ストレスくん」トレボー・ロメイン　エリザベス・バーディック：共著、上田勢子　藤本惣平：訳／大月書店　…他、同シリーズ

「おしゃれマナー Book　大人になってもこまらない！　つたわる話しかた」杉山美奈子：監修／ポプラ社

「おしゃれマナー Book　大人になってもこまらない！　マナーとしぐさ」井垣利英：監修／ポプラ社　…他、同シリーズ

「学校では教えてくれないピカピカ自分みがき術　もうふりまわされない！　怒り・イライラ」名越康文：監修／日本図書センター

「学校では教えてくれないピカピカ自分みがき術　すっきり解決！　人見知り」名越康文：監修／日本図書センター　…他、同シリーズ

「イラスト版子どものアサーション　自分の気持ちがきちんと言える38の話し方」園田雅代：監修・編著、鈴木教夫　豊田英昭：編著／合同出版

「イラスト版ロジカル・コミュニケーション　子どもとマスターする50の考える技術・話す技術」つくば言語技術教育研究所：編、三森ゆりか：監修／合同出版　…他、同シリーズ

「新冒険手帳【決定版】災害時にも役立つ！ 生き残り、生きのびるための知識と技術」かざまりんぺい：著、佐原輝夫：画／主婦と生活社

「新13歳のハローワーク」村上龍：著、はまのゆか：絵／幻冬舎

「ちくまプリマー新書079　友だち幻想　人と人の〈つながり〉を考える」菅野仁：著／筑摩書房

「いまこの国で大人になるということ」刈谷剛彦：編著／紀伊國屋書店

「子どもの難問―哲学者の先生、教えて下さい！」野矢茂樹：編著／中央公論新社

〈参考文献〉

「対人援助職に効くストレスマネジメント―ちょっとしたコツでココロを軽くする10のヒント―」竹田伸也：著／中央法規

「子どもが伸びる！魔法のコーチング」東ちひろ：著／学陽書房

「子ども虐待という第四の発達障害」杉山登志郎：著／学研

「愛着障害　子ども時代を引きずる人々」岡田尊司：著／光文社

「発達障がいを持つ子の『いいところ』応援計画」阿部利彦：著／ぶどう社

「開けばわかる発達方程式　発達支援実践塾」発達障害臨床研究会：著／木村順　川上康則　加来慎也　植竹安彦：編著／学苑社

「読んで学べるADHDのペアレントトレーニング　むずかしい子にやさしい子育て」シンシア・ウィッタム：著、上林靖子他：訳／明石書店

「ワーキングメモリと発達障害　教師のための実践ガイド2」Ｔ・Ｐ・アロウェイ：著、湯澤美紀　湯澤正通：訳／北大路書房

「いじめない力、いじめられない力」品川裕香：著／岩崎書店

「自閉症の子どものためのABA基本プログラム2　家庭で無理なく楽しくできるコミュニケーション課題30」井上雅彦：編著、藤坂龍司：著／学研

「敏感すぎる自分を好きになれる本」長沼睦雄：著／青春出版社

「上司・友人・家族・ご近所…　身近な人の『攻撃』がスーッとなくなる本」水島広子：著／大和出版

「子どものための精神医学」滝川一廣：著／医学書院

「史上最強図解よくわかる発達心理学」林洋一：監修／ナツメ社

「発達障害＆グレーゾーンの3兄妹を育てる母の毎日ラクラク笑顔になる108の子育て法」大場美鈴：著、汐見稔幸：監修／ポプラ社

「発達障害＆グレーゾーンの3兄妹を育てる母のどんな子もぐんぐん伸びる120の子育て法」大場美鈴：著、汐見稔幸：監修／ポプラ社

など、多数。

〈参考サイト〉

「文部科学省」https://www.mext.go.jp/

「LITALICO発達ナビ」https://h-navi.jp/

「楽々かあさん公式HP」https://www.rakurakumom.com

あとがき

　2014年に「声かけ変換表」がネットで拡散してから、この本が完成するまで、実に6年もの月日を要し、時代は平成から令和へと変わりました。当時、長男は小学3年生、次男は1年生、長女は幼稚園に入ったばかり……。

　毎日が本当にワヤクチャで、バタバタのクタクタで、最後はついつい怒るの繰り返し。

　そして、次々と降り注ぐ無理難題に翻弄され、それでも親というお仕事だけは誰にも代わってもらえないプレッシャーの中、なんとかちょっとでもラクになりたい、もう少しマシな親になりたい、と日々独学で勉強し、試行錯誤の末見出し、ようやくたどり着いたのが「声かけ変換」の数々でした。

　あれから6年。長男は中学3年生、次男は中学1年生、長女も小学4年生になりました。私の日常はあまり代わり映えしないようにも思いますが……（笑）。それでも子ども達は、それぞれ、その子なりに大きく成長し、生意気にも私と肩を並べるようになり、それとともに、必要な声かけも6年前からだんだんと変わってゆきました。

　子どもは日々変化し、また、子どもを取り巻く環境も、次々と変わります。この「子どもの成長」というタテの視点と、「環境との関係」というヨコの視点を入れなくては「声かけ変換」は完成しないのではないか、と思うようになり、本ができるまで随分と時間がかかってしまった気がします。

　それでも、一人の子の成長を何年も、何十年も、そばで見守る同じ親ならではの視点で、気づくこと、できること、伝えられることは沢山ある気がしています。

本書をヒントに、各ご家庭でそれぞれの親子の「声かけ変換」を見つけていただければ、著者として私も幸せです。

　そしてまた、この６年間で世の中も随分と変化しました。
　メディアで積極的に取り上げられたこともあり、「発達障害」という言葉をよく聞くようになりました。以前は、なかなかうちの子達にちょうどいい子育て情報が見つからずに、毎日が手探り状態でしたが、今ではネット上にも本屋さんにも多数の情報があふれていて、かえって迷うくらいです。
　小学校の支援級も数が増え、長男の在学・進学時には間に合わなかったけれど、学区の公立小中学校でも通級指導教室が開設されました。また、幼児教育の無償化で、うちの子達が通った幼稚園も幼保一体型の子ども園になるのだそうです。
　……それでも、子育て環境が本当にラクになっているのか、私にはわかりません。

　本書の執筆も着手から完成まで丸２年かかってしまいましたが、この間だけでも、世間では悲しいニュースばかり起き、私は心苦しい気持ちでした。
　悲惨な虐待、陰湿ないじめ（さらに、先生同士でも）、子どもの自殺。未来ある子どもや若者が犠牲になる事件・事故。学校現場では、先生方の過剰な時間外労働、深刻な教員不足、体罰指導、校内暴力、学級崩壊。地球規模で起きる気候変動で年々暑くなる気温と大規模化する自然災害。
　……そして、世界を一変させた未知のウイルス！
「当たり前の毎日」「フツーの日常」が、世界中の人々のこんなにも膨大で、地道な、見えない努力によって維持されている

ことを、今まさに痛感しています。

　たったこの数ヶ月で、今まで当然のように描けていた子ども達の半年後の未来ですら、霧に覆われたように、よく見えなくなってしまいました。

　それでも、今を生きる子ども達には、強くたくましく、しなやかに、厳しい時代を生き抜いて欲しい。できるだけ幸せに、なるべく楽しく、いい人生を送ってほしい。親がいなくなった後でも、落ち込んだ時、くじけそうになった時、何度でも立ち直って前を向いて歩いて欲しい。困った時には、誰かに助けを求める勇気を持って欲しい。周りの人達と支え合いながら、助け合いながら、ともに生きて欲しい。

　できれば、友人やパートナーに恵まれて、自分に合った仕事に就き、生活に困らないだけの収入を得て、時々は、美味しいものでも食べて……。

　そんな一人の親としての私の願い事は、本当にキリがありません。やっぱり、親という生き物は、欲張りで、ワガママで、エゴイストなのかもしれません。

　これも「しゃあない、しゃあない。あるある〜」ですね。

　最後に。最初に企画をいただいてから、この本がカタチになるまで、５年間も気長に根気強く待ち続けてくださった、あさ出版の財津さんに心よりお礼を申し上げます。

　そして、沢山のリアルな声かけネタを提供してくれた３人の子ども達と、どんな時も変わらず可愛いわんこと、ともに年を重ねて、そろそろ白髪が混じってきたとうちゃん。いつも、ありがとうね。

おかげで、うちの子育てから生まれた声かけが、どこかで誰かの役に立っているかもしれません。

　お子さんの人生に、いいことがいっぱいありますように。
　そして、あなたも、少しでもラクになれますように。

　どんな子も、どんな人も、自分らしく生きながら、毎日笑って暮らせますように。

2020年５月
楽々かあさん 大場美鈴

〈 著 者 紹 介 〉

misuzu.O

楽々かあさん
大場 美鈴
（おおば・みすず）

1975年生まれ。うちの子専門家。
美術系の大学を卒業後、出版社で医療雑誌の編集デザイナー
として勤務し退社。実父の介護経験を経て、結婚。
3人の子宝に恵まれる。長男はASDの診断とLD+ADHDの傾向
がある。次男、長女はいくつか凸凹特徴があるグレーゾーン。
2013年より、「楽々かあさん」として育児の傍ら日々の子育
てアイデアをシェア・情報発信する個人活動を開始。
「声かけ変換表」がネット上で14万シェアを獲得して拡散
し、話題に。著書に『発達障害＆グレーゾーンの3兄妹を育
てる母の毎日ラクラク笑顔になる108の子育て法』『発達障
害＆グレーゾーンの3兄妹を育てる母のどんな子もぐんぐん
伸びる120の子育て法』（汐見稔幸：監修／ポプラ社）がある。

●楽々かあさん公式HP：https://www.rakurakumom.com

無料ダウンロードはコチラから！
【読者特典】
声かけ変換表
フルバージョン ▶

協力　LITALICO発達ナビ（p.91, 111, 188, 206〜207）
本文イラスト　藤塚尚子（e to kumi）
本文デザイン・DTP　辻井　知（SOMEHOW）

発達障害＆グレーゾーン子育てから生まれた
楽々かあさんの伝わる！ 声かけ変換 〈検印省略〉

2020年　6　月 30 日　第　1　刷発行
2024年　10 月 11 日　第 41 刷発行

著　者——大場　美鈴（おおば・みすず）

発行者——田賀井　弘毅

発行所——株式会社あさ出版

〒171-0022　東京都豊島区南池袋 2-9-9 第一池袋ホワイトビル 6F
電　話　03（3983）3225（販売）
　　　　03（3983）3227（編集）
F A X　03（3983）3226
U R L　http://www.asa21.com/
E-mail　info@asa21.com

印刷・製本　(株) シナノ

note　　　http://note.com/asapublishing/
facebook　http://www.facebook.com/asapublishing
X　　　　http://twitter.com/asa21.com

楽々かあさんの **伝わる! 声かけ変換表** 決定版

Before	変換	After	Memo
でもさ〜	▶	うんうん、そっかそっかぁ〜	否定せずに話を聴く
あんたが悪い!	▶	○○ちゃん、イヤだと思ったんじゃないかな	感じ方の違いを伝える
やって当然、できて当たり前	▶	ありがとう	感謝を伝える
これくらいできて当たり前	▶	よくがんばったね	「がんばり」に気づく
ここができてないよ	▶	ここまでできてるね	できてるほうを見る
スゴイね!/エライね!	▶	○○できたね/○○しているね	気づいたことを伝える
○年生なら、みんなできてるよ	▶	去年よりだいぶできるようになったね	その子自身と比較
100点取れたね	▶	これだけ努力したから、いい結果につながったね	「努力・意欲」に注目
がんばってね!	▶	がんばってるね!	「今のその子」を見る
○○しちゃダメ!	▶	○○しよう	「やっていいこと」を伝える
ダメ!	▶	ここまではいいけど、ここからはダメ	許容範囲の線を引く
ちょっと〜! 聞いてる?	▶	見て。あのね……	注目させてから話す
いい加減にしなさい!	▶	あと何分で終われそう?→終われたね	子どもに合わせる
いい加減にしなさい!	▶	その辺でやめようか→次は怒るよ→はい、アウト	段階的にブレーキ
何モタモタしてるの!	▶	一旦荷物を置いて、両手を使おう	ほんのちょっとのコツ
ほらー! こぼしてるよ	▶	鍋にお椀を近づけたら、こぼれにくいよ	動き方を具体的に
宿題、いつまでかかるの!?	▶	ここまで終わったら、おやつにしよう	目的地を設定
走るな!	▶	前見て!	具体的に視線を誘導
なんで、スグ手を出すの!?	▶	そういう時は、なんて言えば良かったと思う?	「適切な言葉・行動」を確認・インプット
メーワクだよ!	▶	こういう理由で〜となってしまうから、こうしよう	「迷惑」の中身を具体的に
危ないからやめときなさい	▶	そうすればこうなると思うけど、それでもいい?	リスクを承知の上で
あ〜、もう、だから言ったでしょ!?	▶	こういう時、どうすれば良かったっけ?	過去の経験を思い出す
サ・ム・イ!	▶	寒いから、ドアを閉めてくれる?	「して欲しい行動」を具体的に
空気読んで!	▶	今、みんなで○○しているところだよ	状況を解説
ダメダメ。やめときなさい	▶	〜はメリットだけど、〜はデメリットだと思うよ	両面から判断材料を
そんなのムリ、ムリ!	▶	じゃあ、○○する代わりに○○してくれる?	「話せばわかってもらえる」経験を積む
まーた、やらかした!	▶	ま・いっか/今はこれでOK	今を受け容れる

無料ダウンロードはコチラから!

【決定版】楽々かあさんの
伝わる! 声かけ変換表 ▶